Quantitative Sozialforschung

Reihe herausgegeben von

Alice Barth, FB Politikwissenschaften, Universität Bonn, Bonn, Deutschland

Nina Baur, Institut für Soziologie, Technische Universität Berlin, Berlin, Deutschland

Jörg Blasius, Inst. of Political Science & Sociology, University of Bonn, Bonn, Deutschland

Rainer Diaz Bone, Soziologisches Seminar, Universität Luzern, Luzern, Schweiz

Maria Norkus, Institut für Soziologie, Technische Universität Berlin, Berlin, Deutschland

Guy Schwegler, Soziologisches Seminar, Universität Luzern, Luzern, Schweiz

Die Springer-Reihe „Quantitative Sozialforschung" hat zum Ziel, Methoden und Verfahren der quantitativen Sozialforschung leicht zugänglich, kompakt und anwendungsorientiert zu vermitteln. Jeder Band ist in sich abgeschlossen und bietet auf rund 100 Seiten einen Überblick über methodische Grundlagen, Voraussetzungen und Anwendungen eines bestimmten Verfahrens der quantitativen Sozialforschung. Zielpublikum sind Studierende und Forschende, die sich einen grundlegenden Überblick über ein Verfahren verschaffen wollen. Detailliert aufbereitete Beispiele sowie online bereitgestellte Daten und Syntaxdateien versetzen die Leserinnen und Leser in die Lage, konkrete Arbeitsschritte nachzuvollziehen und die Verfahren in der Folge selbst anzuwenden.

Thematisch nimmt die Reihe aktuelle Entwicklungen in den quantitativ orientierten Sozialwissenschaften auf, diskutiert jedoch auch methodologische Voraussetzungen und grundlagentheoretische Aspekte. Das thematische Spektrum erstreckt sich von statistischen Grundlagen wie Kreuztabellen, Korrelation und Regressionsverfahren über fortgeschrittene multivariate Verfahren wie Korrespondenzanalyse, Mehrebenenanalyse und Analyse latenter Klassen, als auch Umgang mit speziellen Datentypen wie Aggregat-, Geo- und Ereignisdaten. Weiterhin sollen Methoden der Datenerhebung, von der standardisierten Befragung bis zur Sammlung digitaler Daten, behandelt werden. Ergänzend dazu beinhaltet die Reihe auch Querschnittsthemen wie Datenaufbereitung und -visualisierung, Gewichtung und Imputation sowie Einführungen in entsprechende Software.

Die Autorinnen und Autoren haben nicht nur große Expertise auf dem jeweiligen Gebiet, sondern vor allem auch den Anspruch, die Inhalte so aufzubereiten, dass sie für alle Interessierten verständlich sind. Die verwendeten Beispiele kommen aus den Sozialwissenschaften und sind für Studierende wie Forschende inhaltlich gut nachvollziehbar. Die Reihe zeichnet sich besonders durch ihren starken Anwendungsbezug und die Verwendung frei zugänglicher Daten und Open-Source-Software wie R oder Python aus. Die verwendeten Beispieldaten, Syntaxdateien und andere elektronische Materialien werden auf GitHub bereitgestellt.

Alice Barth

Latente Klassenanalyse

Eine anwendungsorientierte
Einführung mit R

Alice Barth
Universität Bonn
Bonn, Deutschland

ISSN 2662-9143 ISSN 2662-9151 (electronic)
Quantitative Sozialforschung
ISBN 978-3-658-45772-3 ISBN 978-3-658-45773-0 (eBook)
https://doi.org/10.1007/978-3-658-45773-0

Die Deutsche Nationalbibliothek verzeichnet diese Publikation in der Deutschen Nationalbibliografie; detaillierte bibliografische Daten sind im Internet über http://dnb.d-nb.de abrufbar.

© Der/die Herausgeber bzw. der/die Autor(en), exklusiv lizenziert an Springer Fachmedien Wiesbaden GmbH, ein Teil von Springer Nature 2024

Das Werk einschließlich aller seiner Teile ist urheberrechtlich geschützt. Jede Verwertung, die nicht ausdrücklich vom Urheberrechtsgesetz zugelassen ist, bedarf der vorherigen Zustimmung des Verlags. Das gilt insbesondere für Vervielfältigungen, Bearbeitungen, Übersetzungen, Mikroverfilmungen und die Einspeicherung und Verarbeitung in elektronischen Systemen.
Die Wiedergabe von allgemein beschreibenden Bezeichnungen, Marken, Unternehmensnamen etc. in diesem Werk bedeutet nicht, dass diese frei durch jedermann benutzt werden dürfen. Die Berechtigung zur Benutzung unterliegt, auch ohne gesonderten Hinweis hierzu, den Regeln des Markenrechts. Die Rechte des/der jeweiligen Zeicheninhaber*in sind zu beachten.
Der Verlag, die Autor*innen und die Herausgeber*innen gehen davon aus, dass die Angaben und Informationen in diesem Werk zum Zeitpunkt der Veröffentlichung vollständig und korrekt sind. Weder der Verlag noch die Autor*innen oder die Herausgeber*innen übernehmen, ausdrücklich oder implizit, Gewähr für den Inhalt des Werkes, etwaige Fehler oder Äußerungen. Der Verlag bleibt im Hinblick auf geografische Zuordnungen und Gebietsbezeichnungen in veröffentlichten Karten und Institutionsadressen neutral.

Springer VS ist ein Imprint der eingetragenen Gesellschaft Springer Fachmedien Wiesbaden GmbH und ist ein Teil von Springer Nature.
Die Anschrift der Gesellschaft ist: Abraham-Lincoln-Str. 46, 65189 Wiesbaden, Germany

Wenn Sie dieses Produkt entsorgen, geben Sie das Papier bitte zum Recycling.

Vorwort

Das vorliegende Buch richtet sich an Studierende höherer Semester, Doktorandinnen und Doktoranden sowie Wissenschaftlerinnen und Wissenschaftler, die sich für die Anwendung von latenter Klassenanalyse (Latent Class Analysis; LCA) interessieren. Es soll die Leserinnen und Leser dazu befähigen, selbst latente Klassenanalysen durchzuführen, Modellvoraussetzungen zu beachten und die Ergebnisse zu interpretieren. Im Interesse einer anwendungsbezogenen Einführung wird soweit wie möglich auf Formeln und mathematische Erklärungen verzichtet. Für die Durchführung der Analysen werden verschiedene Pakete in der Statistikumgebung R (R Core Team 2024) genutzt. Die verwendeten Syntaxbefehle sowie die Ausgabe der Ergebnisse werden erläutert, zusätzlich sind die kommentierte R-Syntax sowie Beispieldaten als elektronisches Zusatzmaterial im GitHub-Repositorium des Buches unter https://github.com/sn-code-inside/latente-klassenanalyse verfügbar. Die in den Beispielen verwendeten Daten haben keine Zugangsbeschränkung und können kostenfrei heruntergeladen werden, um die Analysen selbst nachzuvollziehen.

Bei der Analyse latenter Klassen handelt es sich um ein probabilistisches Klassifikationsverfahren. Im ersten Kapitel wird erläutert, was damit gemeint ist, es werden verschiedene Anwendungsbeispiele vorgestellt und die Analyse latenter Klassen wird im generellen Kontext der Modellierung latenter Variablen eingeordnet. Zudem werden Software, weiterführende Literatur und der World Values Survey 2017 als Beispiel-Datensatz vorgestellt. Im zweiten Kapitel wird die grundlegende Vorgehensweise, Modellnotation und Interpretation der Analyse latenter Klassen an einem einfachen Beispiel erklärt. Nachdem Begrifflichkeiten und Vorgehensweise geklärt sind, wird in Kapitel drei die Durchführung einer latenten Klassenanalyse mit dem R-Paket poLCA Schritt für Schritt erläutert. Das vierte Kapitel behandelt verschiedene Möglichkeiten der Verbindung latenter Klassenanalyse mit externen Variablen, insbesondere Kovariaten. Schließlich gibt es im letzten Kapitel einen kurzen Ausblick auf weitere verwandte Verfahren: latente

Profilanalyse, Gruppenvergleiche mit multi-group LCA und latent transition analysis für Längsschnittdaten.

Es wird davon ausgegangen, dass die Leserinnen und Leser Grundkenntnisse in R besitzen; komplexere Befehle und Spezifika verschiedener R-Pakete werden in der kommentierten Syntax erläutert. R ist eine freie, sehr vielfältige und leistungsstarke Software, die jedoch auch immer wieder Herausforderungen (in Form verschiedener Pakete, mehr oder weniger verständlicher Fehlermeldungen etc.) bereithält. Gute deutschsprachige Einführungen in R für sozialwissenschaftliche Anwendungen bieten Manderscheid (2017) und Luhmann (2020) sowie, bald ebenfalls in der vorliegenden Reihe, Mundt und Horvath (im Erscheinen). Zudem gibt es eine große Anzahl an Online-Tutorials, Videos und Hilfestellungen in Foren, auch KI-Anwendungen wie ChatGPT können bei Fehlermeldungen häufig weiterhelfen.

Bei der Arbeit an diesem Buch habe ich viel Unterstützung erfahren. Mein besonderer Dank gilt den Kolleginnen und Kollegen aus dem Herausgabe-Team der Lehrbuchreihe „Quantitative Sozialforschung", insbesondere Rainer Diaz-Bone und Jörg Blasius, die den Text umfassend kommentiert haben. Durch Katrin Emmerich sind wir seitens des Springer-Verlags optimal betreut worden. Weiterhin danke ich Jonas Pfitzner für kritische Lektüre und Hilfe bei der Erstellung des Literaturverzeichnisses, Nico Schäfer für die gemeinsame Auseinandersetzung mit den Möglichkeiten, Herausforderungen und Kuriositäten von R, und Jakob Horneber für die inhaltliche Prüfung der Formeln und Beispiele, sowie allgemein umfassende Unterstützung.

Ich wünsche Ihnen eine unterhaltsame und lehrreiche Zeit mit dem Buch, interessante Analyseergebnisse und wenige Fehlermeldungen!

Bonn Alice Barth
September 2024

Inhaltsverzeichnis

1	**Einführung**	1
1.1	Was ist latente Klassenanalyse?	1
1.2	Einordnung der latenten Klassenanalyse in Bezug zu anderen statistischen Verfahren	3
1.3	Latente Variablenmodelle: Darstellung und Annahmen	6
1.4	Weiterführende Literatur und Software	9
1.5	Der Beispiel-Datensatz	10
1.6	Erläuterung zur Verwendung der elektronischen Zusatzmaterialien	11
2	**Grundlagen der latenten Klassenanalyse**	13
2.1	Anwendungsbeispiel: Wissen über internationale Organisationen	13
2.2	Notation und grundlegende Formeln	18
2.3	Schätzung der Modellparameter	23
2.4	Die Anzahl der Parameter im Modell	26
2.5	Modellgüte und -auswahl	27
3	**Durchführung einer latenten Klassenanalyse Schritt für Schritt in R**	33
3.1	Vorbereitung der Analyse und Variablenauswahl	33
3.2	Univariate Häufigkeiten	35
3.3	Datenvorbereitung	37
3.4	Der poLCA-Befehl	41
3.5	Bestimmung der Klassenanzahl	43
3.6	Interpretation der R-Ausgabe von poLCA	53
3.7	Ergebnispräsentation	63

4 Assoziationen der latenten Klassen mit externen Variablen 65
    4.1 Einteilung in die wahrscheinlichste Klasse 66
    4.2 Direkte Modellierung („one-step approach") 72

5 Ausblick: weiterführende Verfahren und Modelle 83
    5.1 Kontinuierliche Indikatoren: Latente Profilanalyse (LPA) 83
    5.2 Testen auf Messinvarianz mittels Gruppen-LCA (`glca`) 84
    5.3 Analysen über Zeit: Latent transition analysis (LTA) 86

Literatur 89

Einführung 1

1.1 Was ist latente Klassenanalyse?

Die latente Klassenanalyse (Latent Class Analysis; LCA) gehört zur Familie der statistischen Klassifikationsverfahren. Klassifikation bedeutet, dass Fälle – Individuen, Organisationen, Länder oder andere Einheiten – anhand von bestimmten Charakteristika in verschiedene Gruppen eingeteilt werden. Diese Gruppen heißen *latente Klassen*. Sie werden als *latent* bezeichnet, da sie nicht direkt beobachtbar sind – ihre Zusammensetzung und Größe sind vor der Durchführung der Analyse nicht bekannt. Innerhalb einer Gruppe sind sich die Fälle (relativ) ähnlich, während sie sich zwischen den Gruppen unterscheiden.

Latente Klassenanalyse kann in unterschiedlichsten Bereichen und Fragestellungen zur Anwendung kommen. Beispielsweise analysieren Grunow et al. (2018) Einstellungen zu Geschlechterrollen von Befragten in acht europäischen Ländern mittels LCA. Sie identifizieren fünf Gruppen, die unterschiedliche Einstellungen zu den Rollen von Männern und Frauen in Familie und Beruf aufweisen, z. B. traditionell (Ideal des Mannes als „Familienernährer", der außer Haus arbeitet, Frau in der Rolle der Hausfrau), „intensive parenting" (Priorisierung von Familie statt beruflicher Karriere für beide Elternteile) oder egalitär (geteilte Verantwortung für Beruf und Familie). Ein anderes Beispiel ist die Betrachtung von Mustern des Alkohol- und Drogenkonsums unter Jugendlichen in Europa; die Analyse von Göbel et al. (2016) ergibt vier latente Klassen, die sich in Menge und Zusammensetzung des Konsums unterscheiden. Heintz und Schnabel (2006) untersuchen die Familien- und Gleichberechtigungsartikel in nationalen Verfassungen. Eine latente Klassenanalyse über die Ergebnisse aus einer quantitativen Inhaltsanalyse zeigt, dass sich drei gleichstellungspolitische Modelle („indifferent", „traditionell" und „egalitär") unterscheiden lassen.

© Der/die Autor(en), exklusiv lizenziert an Springer Fachmedien Wiesbaden GmbH, ein Teil von Springer Nature 2024
A. Barth, *Latente Klassenanalyse*, Quantitative Sozialforschung,
https://doi.org/10.1007/978-3-658-45773-0_1

Die Ermittlung der latenten Klassen erfolgt auf der Basis von Mustern in mehreren *manifesten* Variablen – zum Beispiel die Antworten auf standardisierte Items zum Thema Einstellung zu Geschlechterrollen – mittels eines mathematischen Modells.

▶ **Definition: Was sind manifeste und latente Variablen?** *Manifeste* Variablen – zum Beispiel die Körpergröße oder die Antwort auf die Frage „Wie zufrieden sind Sie mit Ihrem Leben im Allgemeinen, auf einer Skala von 1 bis 10?" können direkt mittels eines einzigen Wertes *gemessen* werden. *Latente* Variablen hingegen sind *nicht direkt beobachtbar*, bzw. können nicht mit einer einzigen Frage erfasst werden. Es handelt sich um *Konstrukte*, die aus einer Kombination von mehreren manifesten Variablen extrahiert werden. Ein Beispiel ist der Intelligenzquotient, der aus einer Vielzahl von Antworten auf verschiedene Prüfaufgaben berechnet wird.

Innerhalb der latenten Klassen herrschen jeweils ähnliche Antwortmuster vor, zwischen den Klassen unterscheidet sich die Zusammensetzung der Antworten auf die manifesten Variablen. Diese Antwortmuster werden von den Forschenden inhaltlich interpretiert. Weist eine Klasse etwa die deutliche Ablehnung von Items auf, die eine gleichberechtigte Arbeitsteilung von Mann und Frau im Familienhaushalt vorschlagen, und gleichzeitig starke Zustimmung zu Items, die den Vorrang der Frau bei der Kinderbetreuung betonen, so kann diese als „traditionelle Geschlechterrolleneinstellung" betitelt werden.

Eine zentrale Eigenschaft der latenten Klassenanalyse ist, dass sowohl die Einteilung der Fälle in Klassen als auch die Verteilung der Antwortmuster in den Klassen *probabilistisch* ist. Das bedeutet, dass jeder Fall eine bestimmte *Zuordnungswahrscheinlichkeit* für jede Klasse aufweist. So könnte ein bestimmter Fall aufgrund seines spezifischen Antwortmusters etwa mit einer Wahrscheinlichkeit von 80 % zu Klasse 1, 15 % zu Klasse 2 und 5 % zu Klasse 3 gehören. Dies unterscheidet die latente Klassenanalyse von *deterministischen* Klassifikationsverfahren, etwa Clusteranalyseverfahren, bei denen jeder Fall fest einer bestimmten Gruppe bzw. einem Cluster zugeteilt wird.

Auch die Antwortmuster innerhalb der Klassen sind *Antwortwahrscheinlichkeiten*: Beispielsweise beträgt die Wahrscheinlichkeit, dem Item „Eine berufstätige Mutter kann ihrem Kind genauso viel Wärme und Sicherheit geben wie eine Mutter, die nicht arbeitet" zuzustimmen, in der als „traditionelle Geschlechterrolleneinstellung" interpretierten Klasse 9 % (Grunow et al. 2018). In einer anderen Klasse, die als „egalitär" interpretiert wird, ist die Zustimmungswahrscheinlichkeit zu diesem Item hingegen 95 %. Inhaltlich bedeutet die

Modellierung von Antwortwahrscheinlichkeiten, dass die innerhalb einer latenten Klasse vorkommenden Antwortmuster zwar (relativ) ähnlich, aber nicht gleich sind.

Eine wichtige Frage bei statistischen Klassifikationsverfahren im Allgemeinen ist die nach der optimalen Anzahl der Gruppen, Cluster oder Klassen, da diese Zahl in den meisten Fällen vorher nicht genau festgelegt ist. Die latente Klassenanalyse beruht auf der Annahme eines unterliegenden mathematischen Wahrscheinlichkeitsmodells. Praktisch hat dies den Vorteil, dass mehrere Teststatistiken zur Bestimmung der Klassenanzahl zur Verfügung stehen, die formal besser abgesichert sind als bei anderen Klassifikationsverfahren (Bacher et al. 2010).

Die Idee der Analyse latenter Klassen wurde bereits 1950 von Paul F. Lazarsfeld unter dem Oberbegriff „latent structure analysis" formuliert. Zusammen mit Neil W. Henry erarbeitete er 1968 eine detaillierte konzeptionelle und mathematische Darstellung eines Modells mit einer kategorialen latenten Variablen (Lazarsfeld und Henry 1968). Jedoch fehlten zu dieser Zeit noch die Rechenkapazitäten zur Modellschätzung (Collins und Lanza 2009). Goodman (1974) entwickelte eine Methode zur Maximum-Likelihood-Schätzung, die in sehr ähnlicher Form heute in vielen Softwareprogrammen verwendet wird (Magidson und Vermunt 2004; Collins und Lanza 2009). Seitdem wurden die Modelle kontinuierlich diskutiert und weiterentwickelt. Breite Anwendung in den Sozialwissenschaften fanden sie jedoch erst seit Ende der 1990er Jahre, als mit LatentGold und MPlus zwei Programme auf den Markt kamen, die eine einfache Berechnung verschiedenster Modelle mit latenten Variablen, darunter Analyse latenter Klassen, erlauben. Diese sind zum jetzigen Zeitpunkt weiterhin die führenden Software-Lösungen, wobei mit R inzwischen auch ein Open-Source-Programm umfangreiche Berechnungsmöglichkeiten für Analysen latenter Klassen bietet.

1.2 Einordnung der latenten Klassenanalyse in Bezug zu anderen statistischen Verfahren

Als Klassifikationsverfahren ist die Zielsetzung der latenten Klassenanalyse – das Auffinden von Gruppen in Daten – vergleichbar mit Clusteranalysen. Clusteranalytische Verfahren, wie z. B. k-means oder hierarchische Verfahren, gehen im Gegensatz zur LCA allerdings nicht von einer unterliegenden latenten Variablen aus, sondern suchen mittels eines Proximitäts- bzw. Distanzmaßes sowie eines Cluster-Algorithmus „direkt" nach Ähnlichkeiten zwischen den Fällen (Bacher et al. 2010). Geht man also von einem unterliegenden Prozess bzw. einer latenten Variablen aus, die die Einteilung in Gruppen bestimmt, ist die latente Klassenanalyse als Klassifikationsverfahren potentiell angemessener als clusteranalytische Verfahren. Das modellbasierte Klassifikationsverfahren der LCA erlaubt zudem auf der Likelihood-Statistik basierende Tests, inwiefern die empirischen Daten dem angenommenen Modell entsprechen. Kennwerte und Maße der Modellgüte in der Clusteranalyse beziehen sich hingegen nur auf die Güte der Clusterlösung an sich (d. h., mit welcher Cluster-Anzahl wird das Ziel der internen Homogenität der Cluster und Separation zwischen den Clustern am besten erreicht), ohne die Unterstellung eines bestimmten Modells, das den empirischen Daten zugrunde liegt. Anders als in der LCA gibt es in clusteranalytischen Verfahren zudem keine probabilistische Zuordnung der Fälle und Antwortwahrscheinlichkeiten; jeder Fall ist in genau einem Cluster.

Die Analyse latenter Klassen gehört zur Familie der als „finite Mischmodelle" bezeichneten statistischen Techniken. Finite Mischmodelle zeichnen sich dadurch aus, dass sie die gegebene Verteilung einer oder mehrerer Variablen als *Mischung aus einer endlichen (finiten) Anzahl* von Einzelverteilungen betrachten. Katherine E. Masyn nennt als Beispiel die Verteilung der Körpergröße von Erwachsenen in der allgemeinen Bevölkerung. Da Männer im Durchschnitt größer als Frauen sind, kann die Gesamtverteilung der Körpergröße als Mischung der beiden Verteilungskomponenten „Körpergröße der männlichen Bevölkerung" und „Körpergröße der weiblichen Bevölkerung" betrachtet werden (Masyn 2013). Während die Gruppen, die den Verteilungskomponenten zugrunde liegen, hier bekannt sind (Männer und Frauen), handelt es sich bei finiten Mischmodellen um vorher unbekannte Gruppen. Die Gruppierungsvariable wird daher als latente Variable bezeichnet.

In den Sozialwissenschaften gibt es neben finiten Mischmodellen noch weitere statistische Verfahren, die mit latenten Variablen arbeiten. Sie lassen sich durch das *Skalenniveau* der latenten Variablen und der manifesten Indikatoren unterscheiden (siehe Tab. 1.1). Eine vergleichende Einordnung der Analyse latenter Klassen in diese Systematik soll einerseits zeigen, für welche Forschungsfragen und Variablen welche Modellart geeignet ist, und andererseits deutlich machen, was Modelle mit latenten Variablen generell verbindet (Abschn. 1.3).

Tab. 1.1 Systematik von Modellen mit latenten Variablen. (Quelle: eigene Darstellung, orientiert an Oberski 2016, 2)

Beobachtete Variablen	Latente Variable(n)	
	Kategorial	Kontinuierlich
Kategorial	Latente Klassenanalyse	Probabilistische Testtheorie (item response theory); latent trait analysis
Kontinuierlich	Latente Profilanalyse	Faktorenanalyse

1.2 Einordnung der latenten Klassenanalyse

▶ **Definition: Skalenniveaus** Als *nominal* skaliert bezeichnet man Variablen, deren Ausprägungen nicht in eine Reihen- bzw. Rangfolge zu bringen sind, z. B. Augenfarbe oder Familienstand. *Ordinal* skalierte Variablen weisen zwar eine Rangfolge, aber keine gleichen Abstände zwischen den Ausprägungen auf. Beispiele sind der erreichte Schulabschluss oder Items mit Antwortmöglichkeiten wie „stimme voll und ganz zu", „stimme eher zu", „stimme eher nicht zu" und „stimme gar nicht zu". Nominal und ordinal skalierte Variablen werden gemeinsam als *kategorial* bezeichnet. *Metrische* Variablen haben eine Reihenfolge und gleiche Abstände zwischen den Kategorien. Die Kategorien metrischer Variablen sind Zahlenwerte, beispielsweise Einkommen oder Anzahl der Kinder. Metrische Variablen werden auch als *kontinuierliche* Variablen bezeichnet.

Ist die latente Variable *kategorial*, d. h. es werden vorher unbeobachtete Gruppen in den Daten identifiziert, werden Modelle mit kategorialen manifesten Variablen als latente Klassenanalyse und Modelle mit kontinuierlichen manifesten Variablen als latente Profilanalyse (manchmal auch als *latent class cluster analysis*) bezeichnet. In diesem Buch wird vornehmlich die latente Klassenanalyse betrachtet, viele Prinzipien lassen sich jedoch leicht auf die latente Profilanalyse übertragen (siehe Kap. 5).

Modelle mit *kontinuierlichen* latenten Variablen gehen davon aus, dass Heterogenität in den Daten nicht durch verschiedene unbeobachtete Gruppen, sondern durch Positionen auf einem latenten Kontinuum erklärt wird. In der probabilistischen Testtheorie (item response theory) geht es darum, aus zugrundeliegenden kategorialen manifesten Variablen, z. B. unterschiedlichen Antworten in einem IQ-Test, auf eine kontinuierliche latente Variable, hier „Intelligenz", zu schließen. Im Gegensatz zu kategorialen latenten Klassen wird die kontinuierliche latente Variable als „latent trait" bezeichnet. Sind sowohl manifeste als auch latente Variable(n) kontinuierlich, findet die Faktorenanalyse Anwendung. Die Annahme, dass die Ausprägungen mehrerer manifester Variablen auf eine latente Variable zurückzuführen sind, dient auch der Dimensionsreduktion in komplexen empirischen Daten.

Ein weiteres Unterscheidungsmerkmal zwischen verschiedenen Modellen mit latenten Variablen ist, dass Modelle mit einer kontinuierlichen latenten Variablen, wie etwa Faktorenanalyse, eher auf *Beziehungen zwischen Variablen* fokussieren. So identifiziert etwa das in der psychologischen Forschung verbreitete Big-Five-Faktorenmodell mittels einer Reihe manifester Variablen fünf Faktoren von Persönlichkeitseigenschaften wie Neurotizismus oder Extraversion (McCrae und Costa 1997). Die strukturellen Zusammenhänge zwischen den manifesten Items und den latenten Variablen (die Faktorladungen) sind für alle Personen gleich. Die

Personen unterscheiden sich je nach dem Wert, den sie auf einem latenten Faktor aufweisen (z. B. ein hoher Wert auf dem Neurotizismus-Faktor, ein mittlerer Wert für Extraversion usw.). Die einzelnen Faktoren sind unkorreliert miteinander: der Wert, den jemand für Neurotizismus aufweist, sagt nichts darüber aus, wie extravertiert diese Person ist.

Modelle mit einer *kategorialen latenten Variablen*, also latente Klassen- oder Profilanalyse, sind hingegen eher personen- bzw. fallzentriert (Masyn 2013; Collins und Lanza 2009). Werden Persönlichkeitseigenschaften mittels latenter Klassenanalyse untersucht, besteht das Interesse nicht an der übergeordneten Struktur der Variablen (wie im Big-Five-Faktorenmodell), sondern es sollen anhand der unterschiedlichen Antwortmuster Persönlichkeitstypen identifiziert werden. Ein bereits häufiger replizierter Ergebnis psychologischer Studien sind die drei Persönlichkeitstypen „resilients", „overcontrollers" und „undercontrollers": resilients zeichnen sich beispielsweise durch hohe Extraversion, emotionale Stabilität, Offenheit, Gewissenhaftigkeit und Verträglichkeit aus, während undercontrollers niedrige Werte bei Gewissenhaftigkeit und Verträglichkeit aufweisen (Specht et al. 2014). Hier liegt das Interesse der Forschenden dementsprechend weniger bei einer Klassifizierung der Variablen, sondern der Fälle.

Masyn (2013) argumentiert, dass eine variablen- und eine personenzentrierte Sichtweise nicht als konfligierend, sondern als komplementäre Ansätze zu begreifen sind, die verschiedene Perspektiven auf vorliegende Daten erlauben. Empirisch findet nicht selten eine Vermischung der Perspektiven statt, etwa wenn Variablen als Prädiktoren der Zugehörigkeit zu latenten Klassen modelliert werden, oder in hybriden Modellen (z. B. latente Wachstumsmodelle; growth mixture models), die sowohl kontinuierliche als auch kategoriale latente Variablen verwenden. Nichtsdestoweniger macht die analytische Unterscheidung zwischen personen- und variablenzentrierten Ansätzen deutlich, dass bei der Entscheidung für ein latentes Klassenmodell die theoretisch geleitete Erwartung unterschiedlicher Gruppen in der Population eine notwendige Voraussetzung ist.

1.3 Latente Variablenmodelle: Darstellung und Annahmen

Unabhängig vom Skalenniveau haben alle Modelle mit latenten Variablen eine Grundstruktur. In Abb. 1.1 ist ein hypothetisches latentes Variablenmodell mit drei manifesten Indikatoren dargestellt. Die latente Variable wird durch ein Oval repräsentiert, die manifesten (beobachteten) Indikatorvariablen X_1, X_2 und X_3 durch Vierecke. Zu jeder Indikatorvariable gehört ein Fehlerterm e_i (e für error), der wie die latente Variable nicht direkt gemessen, sondern geschätzt bzw. modelliert wird.

1.3 Latente Variablenmodelle: Darstellung und Annahmen

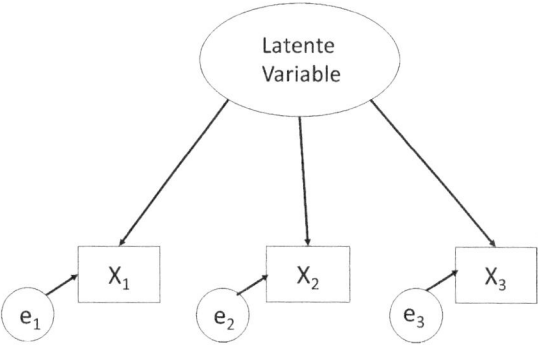

Abb. 1.1 Latentes Variablenmodell mit drei Indikatorvariablen. (Quelle: eigene Darstellung, orientiert an Collins und Lanza 2009, 5)

Bei der Betrachtung von Abb. 1.1 sind drei fundamentale messtheoretische Annahmen zu sehen:

(1) Die Pfeilrichtung verläuft von der latenten Variablen zu den Indikatorvariablen X_i. Dies drückt aus, dass die latente Variable auf die Werte der Indikatorvariablen wirkt, und nicht umgekehrt. Im Beispiel der Persönlichkeitseigenschaften wird etwa angenommen, dass die latente Variable Persönlichkeitstyp (im Beispiel die drei latenten Klassen „resilient", „overcontroller" oder „undercontroller") beeinflusst, welche Werte die Befragten bei den manifesten Items aufweisen. Beispielsweise können niedrige Werte einer Befragten auf den Items, die Gewissenhaftigkeit messen, durch deren Zugehörigkeit zum Persönlichkeitstyp „undercontroller" erklärt werden. Während in der Praxis die Werte der latenten Variablen initial nicht bekannt sind und aus den Indikatorvariablen geschätzt werden, geht die Theorie davon aus, dass die latente Variable ursächlich für die Ausprägungen der manifesten Variablen ist. In den Worten von Collins und Lanza (2009, S. 4): „Observed indicator variables measure latent variables, but the observed indicator variables do not cause the latent variables."

(2) Die manifesten Variablen sind mit Messfehlern behaftet (in Abb. 1.1 mit dem Buchstaben e_i bezeichnet), die latente Variable jedoch nicht. Inhaltlich bedeutet das, dass die latente Variable einen „wahren" Wert repräsentiert, der durch die manifesten Variablen jedoch nicht perfekt gemessen werden kann. Anders ausgedrückt, steht der Messfehlerterm für alle Einflüsse auf die Indikatorvariable X_i, die nicht auf die latente Variable zurückzuführen sind. Im Sinne der klassischen Testtheorie ist jede Messung eine Kombination aus zwei Komponenten: der wahren Merkmalsausprägung (true score) und einem zufäl-

ligen Messfehler. Im Beispiel der Persönlichkeitseigenschaften (aber auch so gut wie aller anderen Indikatoren, die durch standardisierte Befragungen erhoben werden), können solche fehlerhaften Einflüsse etwa durch die momentane Stimmung der Befragten, Verständnisschwierigkeiten oder Kontextbedingungen während der Erhebung bedingt sein. Den Charme eines Modells latenter Variablen macht die Möglichkeit aus, diese Fehler „herauszurechnen". Wenn die manifesten Indikatorvariablen perfekte, fehlerlose Messungen des interessierenden Konstrukts ermöglichen würden, wäre die latente Variable eigentlich überflüssig. In Abb. 1.1 ist zu sehen, dass die Messfehler ebenfalls durch Ovale dargestellt werden – sie sind latent, da sie durch das Modell geschätzt werden. Beispielsweise könnte jemand, der als wahren Wert die Persönlichkeitsklasse „resilient" aufweist, zum Zeitpunkt der Befragung einen schlechten Tag haben und daher dem Item „Ich schenke anderen leicht Vertrauen, glaube an das Gute im Menschen", nicht zustimmen. Dieses Item misst „Verträglichkeit", die bei resilienten Personen eigentlich hoch ausgeprägt sein sollte. Wenn die Messfehler zufällig verteilt sind – also ein Befragter einen schlechten, ein anderer einen guten Tag hat, unabhängig von ihrem Persönlichkeitstyp –, sind sie unproblematisch für die Modellierung.

(3) Nicht für alle Modelle latenter Variablen, aber für latente Klassenmodelle gilt: Es gibt keine Abhängigkeiten (Pfeile) zwischen den manifesten Items X_i. Dies wird als Annahme der lokalen Unabhängigkeit bezeichnet: alle Relationen zwischen den manifesten Variablen werden allein durch die Ausprägung der latenten Variablen erklärt; die einzelnen manifesten Items sind, gegeben die latenten Klassen, voneinander unabhängig. Die angenommene Unabhängigkeit der manifesten Items gilt nicht global (für den gesamten Datensatz), sondern nur innerhalb der jeweiligen latenten Klasse. So sollten beispielsweise zwei Items, die beide das Konstrukt „Gewissenhaftigkeit" messen, im Gesamtdatensatz stark miteinander korreliert sein – im latenten Variablenmodell ist es jedoch nicht das gemeinsame Konstrukt, sondern die Zugehörigkeit eines Falls z. B. zur Klasse „undercontroller", die ähnliche Werte auf beiden Items erklärt.

Diese Modellannahmen sind wichtig für das grundsätzliche Verständnis latenter Klassenmodelle, aber auch von besonderer Relevanz zur Identifikation der Modellgleichung, d. h. zur Schätzung des latenten Variablenmodells aus den empirischen Daten (siehe Abschn. 2.2).

1.4 Weiterführende Literatur und Software

Das vorliegende Buch stellt eine ausführliche Einführung in die Technik der latenten Klassenanalyse mit Anwendungsorientierung in R dar. Eine an der Software LatentGOLD orientierte Einführung in latente Klassen- und latente Profilanalyse bieten Bacher et al. (2010) in ihrem Buch zu clusteranalytischen Verfahren, ein kompakter Überblick über die LCA im Kontext anderer multivariater Verfahren ist in Bacher und Vermunt (2010) zu finden. Der überwiegende Teil der Literatur zur Analyse latenter Klassen liegt auf Englisch vor. Empfehlenswerte Einführungen sind hier Collins und Lanza (2009) und McCutcheon (1987), gute Überblicksartikel bieten Masyn (2013) und Oberski (2016). Auf weiterführende Literatur wird themenspezifisch in den entsprechenden Kapiteln verwiesen.

Die Berechnung latenter Klassenanalysen ist mit verschiedenen Statistikprogrammen möglich. Spezialisierte Programme sind LatentGOLD und MPlus. Stata bietet (ab Version 15) ebenfalls die Möglichkeit der Modellierung latenter Klassenmodelle, allerdings auf etwas basalerem Niveau als LatentGOLD und MPlus. Für alle drei Programme muss eine Lizenz erworben werden, wobei es meist auch relativ kostengünstige, zeitlich begrenzte Lizenzoptionen für Studierende gibt.

LatentGOLD ist ein von Jeroen Vermunt und Jay Magidson entwickeltes, speziell auf die Analyse latenter Klassen und die Berechnung finiter Mischmodelle zugeschnittenes Softwarepaket mit einer einfach zu bedienenden grafischen Benutzeroberfläche. Für fortgeschrittene Modellanpassungen mittels Syntax-Befehlen muss ein Add-on dazu gekauft werden.

MPlus (entwickelt von Bengt und Linda Muthén) wurde ursprünglich zur Analyse von Strukturgleichungsmodellen entworfen, deckt inzwischen jedoch fast alle denkbaren Modellierungen mit latenten Variablen ab, darunter umfangreiche Möglichkeiten der Analyse latenter Klassen. Die Spezifizierung von Modellen erfolgt größtenteils syntaxbasiert. Für umfangreiche Modellvergleiche ist eine Automatisierung der Berechnungsprozesse durch die Integration in R, Python oder Stata empfehlenswert.

Stata ist ein allgemeines statistisches Analyseprogramm mit unterschiedlichsten Modellierungsvarianten, das seit Version 15 auch Befehle zur Analyse latenter Klassen und finiter Mischmodelle aufweist. Die (syntaxbasierte) Durchführung ist einfach, bei komplexeren Modellen gibt es jedoch überproportional häufig Konvergenzprobleme.

In diesem Band wird die Modellierung von Analysen latenter Klassen mittels der Open-Source-Software **R** erläutert. R bietet sehr umfangreiche statistische Auswertungsmöglichkeiten in verschiedensten Bereichen. Die Funktionalitäten liegen in Form unterschiedlicher, von Nutzerinnen und Nutzern entwickelter Pakete vor. Dies bietet einerseits eine enorme Vielfalt und Passgenauigkeit für unterschiedlichste Vorhaben, andererseits kann sich die Syntax- und Berechnungslogik der einzelnen Pakete unterscheiden und Kompatibilitätsprobleme hervorrufen. In diesem Buch wird primär das Paket poLCA („Polytomous Variable Latent Class Analysis"; Linzer und Lewis 2022) verwendet. Es ist auf die „klassische" latente Klassenanalyse mit kategorialen Indikatorvariablen ausgerichtet. Pakete für weiterführende Analysen sind u. a. glca (Kim und Chung 2023), tidyLPA (Rosenberg und Lissa 2021), OpenMx (Boker et al. 2023) und LMest (Bartolucci et al. 2017).

1.5 Der Beispiel-Datensatz

Die hier als Beispiel verwendeten Daten stammen aus der siebten Erhebungswelle des World Values Survey (WVS). Der World Values Survey (https://www.worldvaluessurvey.org) ist ein internationales Befragungsprogramm, das seit 1981 alle fünf Jahre durchgeführt wird. Schwerpunktmäßig werden soziale, politische, ökonomische, religiöse und kulturelle Werte behandelt. Aktuell nehmen etwa 100 Länder an der Studie teil, in denen bevölkerungsrepräsentative Stichproben gezogen und in der Regel mindestens 1200 komplette Interviews pro Welle geführt werden. Die Datenanalyse in diesem Buch beschränkt sich auf die Stichprobe in Deutschland, wo 2018 1528 Personen befragt wurden. Die Befragung wird in der Regel – so auch in Deutschland – als face-to-face-Befragung durchgeführt.

Daten und Dokumentation sind für wissenschaftliche Zwecke frei verfügbar. Datenzugang: Gehen Sie auf die Seite https://www.worldvaluessurvey.org/WVSDocumentationWV7.jsp und klicken Sie rechts bei „Integrated Documentation" auf „Germany 2018". Laden Sie dann das Datenfile mit dem Titel „WVS Wave 7 Germany ExcelTxt v5.0" herunter. Die Daten sind auf Englisch beschriftet. Der deutsche Fragebogen ist ebenfalls erhältlich unter „Questionnaire" auf der o. g. Seite. Zudem ist im GitHub-Repositorium des vorliegenden Buchs (https://github.com/sn-code-inside/latente-klassenanalyse) ein Sub-Datensatz „w7g_sub" mit den hier in den Analysen verwendeten Variablen hinterlegt.

1.6 Erläuterung zur Verwendung der elektronischen Zusatzmaterialien

Das gesamte Buch wurde auf der Basis von R-Dokumenten mittels der Pakete rmarkdown (Allaire et al. 2024) bzw. bookdown (Xie 2023) erstellt. Sie finden die R-Syntaxdokumente für die Kap. 2–4 im GitHub-Repositorium dieses Buches (https://github.com/sn-code-inside/latente-klassenanalyse). Wenn Sie die Syntaxdokumente und den Datensatz herunterladen und in einem gemeinsamen Ordner lokal speichern, können Sie beides in R bzw. RStudio oder einem anderen Graphical User Interface (GUI) öffnen und die Analysen durch das Ausführen des Codes replizieren. Die benötigten R-Pakete werden jeweils am Anfang der Kapitel geladen oder müssen bei erstmaliger Nutzung installiert werden. Da R standardmäßig einen Punkt (statt eines Kommas) als Dezimaltrennzeichen verwendet, wird es in den R-Ausgaben in diesem Buches ebenso gehandhabt. Die Analysen wurden mit R Version 4.3.2 erstellt.

Grundlagen der latenten Klassenanalyse 2

2.1 Anwendungsbeispiel: Wissen über internationale Organisationen

Im verwendeten Beispieldatensatz, der Welle 7 des World Values Survey in Deutschland, wurden drei Fragen zum Wissen über internationale Organisationen gestellt:

1. (Q91) Fünf Länder haben einen ständigen Sitz im Sicherheitsrat der Vereinten Nationen. Welches der folgenden Länder ist kein ständiges Mitglied? A) Frankreich, B) China, C) Indien
2. (Q92) Wo befindet sich der Hauptsitz des Internationalen Währungsfonds (IWF)? A) Washington D.C., B) London, C) Genf
3. (Q93) Um welches der folgenden Probleme kümmert sich die Organisation Amnesty International? A) Klimawandel, B) Menschenrechtsverletzungen, C) Zerstörung historischer Baudenkmäler

Die Antwortverteilungen für die 1518 gültigen Fälle sind in Tab. 2.1 dargestellt (10 Fälle mit fehlenden Werten wurden entfernt; die richtige Antwort ist jeweils mit einem Sternchen versehen).

Es ist ersichtlich, dass die Fragen unterschiedliche Schwierigkeitsgrade haben: während es über 85 % der Befragten gelang, den Aufgabenbereich von Amnesty International richtig zuzuordnen, konnten lediglich 17,6 % die Frage nach dem Sitz des IWF richtig beantworten. In sozialwissenschaftlichen Studien sind meist weniger die Einzel-Informationen der Items von Interesse, sondern die Antworten auf alle drei Fragen werden hier als manifeste Indikatoren für das latente Konstrukt „Wissen über internationale Organisationen" behandelt.

Wie kann dieses latente Konstrukt operationalisiert werden? Angenommen, für eine Analyse wird die Einteilung der Befragten in zwei Gruppen, eine mit hohem

© Der/die Autor(en), exklusiv lizenziert an Springer Fachmedien Wiesbaden GmbH, ein Teil von Springer Nature 2024
A. Barth, *Latente Klassenanalyse*, Quantitative Sozialforschung, https://doi.org/10.1007/978-3-658-45773-0_2

Tab. 2.1 Häufigkeitsverteilungen der Antworten auf drei Fragen zu Wissen über internationale Organisationen. (Quelle: eigene Darstellung)

UN-Sicherheitsrat	%	Internationaler Währungsfonds (IWF)	%	Amnesty International	%
Frankreich	4,2	Washington*	17,6	Klimawandel	4,4
China	12,8	London	15,7	Menschenrechtsverletzungen*	85,6
Indien*	61,9	Genf	43,7	Zerstörung hist. Baudenkmäler	1,0
Weiß nicht	21,2	Weiß nicht	23,1	Weiß nicht	9,0

Sternchen markieren die korrekte Antwort.

und eine mit eher niedrigem Wissen, benötigt. Ein einfaches Vorgehen wäre nun, die Anzahl der richtigen Antworten pro Fall (Befragten) zu zählen und allen mit zwei oder drei richtigen Antworten hohes Wissen über internationale Organisationen zuzuweisen, denjenigen mit keiner oder einer richtigen Antwort niedriges Wissen. Damit ergeben sich zwei Gruppen: hohes Wissen (zwei oder drei richtige Antworten) haben 929 Personen (61 %), wenig Wissen (keine oder eine richtige Antwort) haben 589 Personen.

Was diese simple Auszählung allerdings unterschlägt, ist der unterschiedliche Schwierigkeitsgrad der Antworten, sowie mögliche Zusammenhänge zwischen unterschiedlichen Antwortmustern. Um diesen mit einzubeziehen und latente Muster in den Daten zu ergründen, kann eine latente Klassenanalyse durchgeführt werden. Im Folgenden werden die Ergebnisse einer Analyse mit zwei Klassen vorgestellt.

2.1.1 Klassenspezifische Antwortwahrscheinlichkeiten

Die Durchführung der latenten Klassenanalyse erfolgt mittels des R-Pakets poLCA. Während in einer empirischen Analyse zuerst anhand verschiedener Gütemaße festgestellt werden muss, aus wie vielen Klassen die optimale Lösung besteht (siehe Abschn. 2.5 und Abschn. 3.5), wird dieser Schritt hier übersprungen und es werden direkt die Ergebnisse einer 2-Klassen-Lösung betrachtet[1].

Der erste Schritt bei der inhaltlichen Interpretation ist die Betrachtung der **klassenspezifischen Antwortwahrscheinlichkeiten** („conditional item-response probabilities") für jedes Item. Während üblicherweise von Antwortmöglichkeiten

---

[1] Tatsächlich ist die Schätzung einer Lösung mit mehr als zwei Klassen bei nur drei Variablen rein mathematisch auch nicht möglich.

2.1 Anwendungsbeispiel: Wissen über internationale Organisationen

Tab. 2.2 Klassenspezifische Antwortwahrscheinlichkeiten. (Quelle: eigene Darstellung)

Antwortkategorie	p Klasse 1	p Klasse 2
Sicherheitsrat: Frankreich	0,05	0,00
Sicherheitsrat: China	0,15	0,02
Sicherheitsrat: Indien	0,71	0,15
Sicherheitsrat: weiß nicht	0,09	0,83
IWF: Washington D.C.	0,21	0,03
IWF: London	0,18	0,05
IWF: Genf	0,51	0,08
IWF: weiß nicht	0,11	0,85
Amnesty: Klimawandel	0,05	0,04
Amnesty: Menschenrechtsverletzungen	0,92	0,52
Amnesty: historische Bauwerke	0,01	0,00
Amnesty: weiß nicht	0,02	0,43
Klassengröße	**0,83**	**0,17**

bzw. Ausprägungen gesprochen wird, betrachten wir hier vom Modell geschätzte *Antwortwahrscheinlichkeiten*.

Tab. 2.2 zeigt die jeweilige Wahrscheinlichkeit p, mit der eine bestimmte Antwort in den beiden Klassen genannt wurde. Anders formuliert: wenn Befragte einer der Klassen zugerechnet werden, wird die jeweilige Antwortmöglichkeit/Ausprägung mit einer Wahrscheinlichkeit von p genannt. Praktisch bezogen auf das Beispiel, wird in Klasse 1 auf die Frage nach dem ständigen Sitz im UN-Sicherheitsrat mit einer Wahrscheinlichkeit von 5 % Frankreich, 15 % China, 71 % Indien und 9 % „weiß nicht" angekreuzt. Die Anteile aller Antwortkategorien pro Variable in jeder Klasse summieren sich immer zu 1. Zum Beispiel: Klasse 1, Frage 1: p(Frankreich) + p(China) + p(Indien) + p(weiß nicht) = 0,05 + 0,15 + 0,71 + 0,09 = 1; in der tabellarischen Darstellung kann es kleinere Abweichungen durch gerundete Werte geben.

Tab. 2.2 zeigt, dass sich die Antwortwahrscheinlichkeiten der meisten Ziele deutlich zwischen den Klassen unterscheiden: so liegt die Wahrscheinlichkeit, die Antwort „Indien" als nicht-ständiges Mitglied im UN-Sicherheitsrat auszuwählen, in Klasse 1 bei 71 %, in Klasse 2 nur bei 15 %. Dagegen liegt die Wahrscheinlichkeit, auf die erste Frage „weiß nicht" zu antworten, in Klasse 1 bei 9 %, in Klasse 2 bei 83 %. Die Antwort, dass Amnesty International sich um den Klimawandel kümmere, differenziert mit 4 % bzw. 5 % hingegen kaum zwischen den beiden Klassen.

Anhand der Antwortwahrscheinlichkeiten können nun die Profile der beiden Klassen beschrieben und diese anschließend mit passenden Bezeichnungen versehen werden. Der auffälligste Unterschied zwischen den Klassen ist, dass es in Klasse 2 bei jeder der drei Fragen eine sehr hohe Wahrscheinlichkeit gibt, die Antwort „weiß nicht" auszuwählen, während in Klasse 1 mit hoher Wahrscheinlichkeit eine der drei substantiellen Antworten, oft auch die richtige, ausgewählt wird. Insofern kann Klasse 2 als „wenig Wissen über internationale Organisationen" betitelt werden, während Klasse 1 „durchschnittliches bis höheres Wissen" beschreibt.

Eine weitere wichtige Information ist die Klassengröße, also der jeweilige Anteil der beiden Klassen am Datensatz. Hier zeigt sich, dass die Gruppe „wenig Wissen" einen Anteil von 17 % der Fälle umfasst, während der Großteil (83 %) mit einer hohen Wahrscheinlichkeit in Gruppe 1 eingruppiert wird. Diese Einteilung unterscheidet sich relativ deutlich von der oben vorgestellten Einteilung anhand der Zählung der richtigen Antworten – aus der Modellierung der latenten Klassen geht hervor, dass es vor allem einen starken internen Zusammenhang zwischen den „weiß nicht"-Antworten gibt, der die Klasseneinteilung maßgeblich beeinflusst. Dies war allein anhand einer Zählung der richtigen Antworten nicht erkennbar.

Es ist wichtig, sich zu vergegenwärtigen, dass es sich bei den Antwortwahrscheinlichkeiten um ein statistisches Modell für die Gesamtverteilung der Daten handelt, das nicht mit den tatsächlichen Antworten der einzelnen Befragten gleichzusetzen ist. Für eine einzelne befragte Person liegt die tatsächliche Ausprägung einer Antwortkategorie nicht bei z. B. 0,71, sondern immer bei 0 oder 1: die Antwort „Indien" wurde gegeben oder nicht. Würden wir jedoch die einzelnen Antworten nicht kennen, sondern nur wissen, welcher latenten Klasse die Person zugeordnet ist, würden wir z. B. bei Klasse 1 schätzen, dass die Wahrscheinlichkeit, die Antwort „Indien" angekreuzt zu haben, bei 71 % liegt. Ausgehend von der Logik des latenten Variablenmodells, in der die latente Variable (die beiden latenten Klassen) die Verteilung der drei manifesten Variablen (Wissensantworten) mit ihren insgesamt 12 Ausprägungen erklärt, nehmen wir an, dass die Ausprägung der latenten Variable „Wissen über internationale Organisationen" (mit den beiden latenten Klassen „niedrig" und „durchschnittlich/hoch") die Antworten auf die einzelnen Items beeinflusst. Gemäß der Annahme der lokalen Unabhängigkeit (siehe Abschn. 2.2.2) sollten die Antwortwahrscheinlichkeiten allein über die Klassenzugehörigkeit erklärt werden, es sollten – gegeben die Klasseneinteilung – keine direkten Zusammenhänge zwischen den einzelnen Antwortkategorien innerhalb der Klassen bestehen.

2.1.2 Probabilistische Klassenzuordnung

Neben den klassenspezifischen Antwortwahrscheinlichkeiten gibt es in der latenten Klassenanalyse noch einen weiteren Parameter, der auf Wahrscheinlichkeiten beruht: die Zuordnung der Fälle zu den Klassen. Während in clusteranalytischen Verfahren meist jeder Fall genau einem Cluster zugeordnet wird, erfolgen die Zuordnungen der Fälle zu den Klassen in der latenten Klassenanalyse mit bestimmten Wahrscheinlichkeiten. Man bezeichnet die Klassifikation als *probabilistisch*. Wird z. B. eine beliebige Person betrachtet, die die manifeste Antwortkombination „Sicherheitsrat: Indien", „IWF: weiß nicht" und „Amnesty: Menschenrechtsverletzungen" aufweist, dann wird diese Antwortkombination in unserem Beispiel mit einer Wahrscheinlichkeit von 85 % der Klasse 1, zu 15 % der Klasse 2 zugeordnet. Ein Fall mit der Antwortkombination „Sicherheitsrat: Frankreich", „IWF: Washington D.C." und „Amnesty: Menschenrechtsverletzungen" hat hingegen eine Wahrscheinlichkeit von nahezu 100 %, Klasse 1 anzugehören. Die Zuordnungswahrscheinlichkeiten ergeben sich rechnerisch aus den klassenspezifischen Antwortwahrscheinlichkeiten und der Klassengröße (siehe Rechenbeispiel in Abschn. 2.2.3).

Sehr allgemein kann man sagen: Je eindeutiger die Zuordnung einzelner Antwortkombinationen (bzw. Fälle) zu den Klassen – im Durchschnitt – möglich ist, desto besser ist das Modell zur Beschreibung der Daten geeignet. Eine gewisse Unschärfe ist bei der Modellierung jedoch normal; gäbe es nur jeweils eine einzige Antwortkombination, die eine latente Klasse beschreibt, wären genauso viele Klassen wie Antwortkombinationen nötig, um die existierende Datenstruktur abzubilden. Damit würde das Modell keine Komplexitätsreduktion erzielen und hätte so keinen analytischen Mehrwert.

Nun wurden bereits die wichtigsten Parameter der latenten Klassenanalyse eingeführt:

a) Die klassenspezifischen Antwortwahrscheinlichkeiten für jedes Item, die zur inhaltlichen Interpretation der Klassen dienen
b) Die Klassengröße, die ausdrückt zu welchen Anteilen die latenten Klassen in den Daten auftreten
c) Die Wahrscheinlichkeiten, mit denen die einzelnen Fälle den Klassen zugeordnet werden

2.2 Notation und grundlegende Formeln

Nach der inhaltlichen Vorstellung der Modellparameter wird am Ende dieses Unterkapitels die zentrale Modellgleichung eingeführt. Um das Verständnis der Formeln zu erleichtern, wird die Notation ausführlich erläutert.

Die drei manifesten Variablen aus dem o. g. Beispiel werden nun allgemein als Variablen A, B und C bezeichnet, um die Formel für verschiedene Fälle verallgemeinerbar zu machen. Variable A hat I Kategorien ($i = 1, 2, \ldots I$), Variable B hat J Kategorien ($j = 1, 2, \ldots J$) und Variable C hat K Kategorien ($k = 1, 2, \ldots K$). Im Beispiel der drei Wissensfragen über internationale Organisationen wäre in Variable A (ständiges Mitglied im UN-Sicherheitsrat) die Anzahl I der Kategorien gleich 4, da es vier Antwortmöglichkeiten (Frankreich, China, Indien, weiß nicht) gibt. Hätte die Variable A beispielsweise 7 Kategorien, wäre I gleich 7. Wird von Kategorie 1 (Frankreich) in der Variable A gesprochen, schreibt sich das A_1, spricht man von einer beliebigen Kategorie schreibt man A_i. Die latente Variable wird mit dem Buchstaben X bezeichnet und hat T Klassen ($t = 1, 2, \ldots T$). Wahrscheinlichkeiten werden durch den griechischen Buchstaben π (sprich: kleines pi) ausgedrückt. Der Ausdruck π_i^A steht für die Wahrscheinlichkeit, dass in Variable A die Antwortkategorie i genannt wurde. Der Ausdruck π_{ij}^{AB} steht für die gemeinsame Wahrscheinlichkeit, dass in Variable A Kategorie i und in Variable B Kategorie j genannt wurde.

Im Beispiel der Messung des Wissens über internationale Organisationen durch drei Fragen mit je vier Antwortmöglichkeiten gibt es insgesamt 4^3, also 64 mögliche verschiedene Antwortmuster, von denen 52 tatsächlich in den Daten vorkommen. Tab. 2.3 zeigt die 10 häufigsten Antwortmuster.

Tab. 2.3 Die 10 häufigsten Antwortmuster im Datensatz. (Quelle: eigene Darstellung)

Kombination	Anzahl	%
Indien – Genf – Menschenrechte	428	28,2
Indien – Washington DC – Menschenrechte	179	11,8
Indien – London – Menschenrechte	145	9,6
Indien – weiß nicht – Menschenrechte	107	7,0
Weiß nicht – weiß nicht – Menschenrechte	104	6,9
China – Genf – Menschenrechte	88	5,8
Weiß nicht – weiß nicht – weiß nicht	78	5,1
Weiß nicht – Genf – Menschenrechte	67	4,4
China – London – Menschenrechte	38	2,5
Frankreich – Genf – Menschenrechte	27	1,8

2.2 Notation und grundlegende Formeln

Die Verteilung der Antworten kann auch als Wahrscheinlichkeit π für einen beliebigen Fall ausgedrückt werden. So beträgt die Wahrscheinlichkeit, dass jemand Indien als nicht-ständiges Mitglied im UN-Sicherheitsrat genannt hat $\pi_3^A = 0{,}6178$, da 944 Personen, und damit 62 % des Datensatzes, diese Antwort gegeben haben. Allgemein wird die Wahrscheinlichkeit für ein bestimmtes Antwortmuster – also die gemeinsame Wahrscheinlichkeit, dass jemand Kategorie i in Variable A, Kategorie j in Variable B und Kategorie k in Variable C angegeben hat – als $p(A=i, B=j, C=k) := \pi_{ijk}^{ABC}$ notiert.

Das häufigste Antwortmuster „Indien – Genf – Menschenrechtsverletzungen" liegt mit einer Wahrscheinlichkeit von $\pi_{332}^{ABC} = 0{,}28195$, also bei 28 % der Fälle (428 Befragte) vor, die Kombination aus drei richtigen Antworten („Indien – Washington D.C. – Menschenrechtsverletzungen") hat eine Wahrscheinlichkeit von $\pi_{312}^{ABC} = 0{,}1179$. „Frankreich – London – Klimawandel" kommt dagegen nur einmal in den Daten vor ($\pi_{112}^{ABC} = 0{,}00065$), „Frankreich – weiß nicht – weiß nicht" kein Mal ($\pi_{144}^{ABC} = 0$).

Nun besteht in einem latenten Variablenmodell, wie bereits ausgeführt, die Annahme, dass die latente Variable das Antwortverhalten in den manifesten Variablen beeinflusst. Daher wird beim Zusammenhang zwischen manifesten Antwortmustern und latenten Variablen von **bedingten (konditionalen)** Wahrscheinlichkeiten gesprochen. So bezeichnet $\pi_{i|t}^{A|X}$ die Wahrscheinlichkeit, dass Kategorie i in Variable A gewählt wurde – unter der Bedingung, dass der Fall in der latenten Klasse X_t ist. In unserem Beispiel beträgt z. B. die konditionale Wahrscheinlichkeit für die Kategorie A_3 („Indien") in Klasse X_1 71 %, d. h. $\pi_{3|1}^{A|X} = 0{,}71$, für Klasse X_2 hingegen $\pi_{3|2}^{A|X} = 0{,}15$. Diese konditionalen Wahrscheinlichkeiten sind genau die **klassenspezifischen Antwortwahrscheinlichkeiten**, die oben bereits zur Interpretation der Klassen herangezogen wurden (siehe Tab. 2.2).

Auch die Klassengröße lässt sich als Wahrscheinlichkeit eines Falls, dieser Klasse anzugehören, ausdrücken, nämlich als π_t^X. Im Beispiel beträgt $\pi_1^X = 0{,}83$ und $\pi_2^X = 0{,}17$. Da wir davon ausgehen, dass die latente Klassenzugehörigkeit die manifesten Antwortmuster bestimmt (und nicht umgekehrt), ist die Wahrscheinlichkeit der Klassenzugehörigkeit **unkonditional**. Nach der Klärung dieser Begrifflichkeiten können wir uns den beiden zentralen Modellannahmen sowie ihrer Zusammenführung zuwenden.

2.2.1 Mischverteilungsannahme

Wie in Kap. 1 erläutert, wird im latenten Klassenmodell angenommen, dass sich die beobachteten Antwortmuster im Datensatz durch unterliegende, unbeobachtete Klassen erklären lassen. Dies wird als Mischverteilungsannahme („mixture assumption") bezeichnet: die Daten setzen sich aus einer Mischung verschiedener Verteilungen zusammen. In unserem Beispiel wäre die Annahme, dass die Stichprobe aus zwei unbeobachteten Gruppen besteht, die sich in der Ausprägung ihres Wissens über internationale Organisationen unterscheiden. Dies führt zu unterschiedlichen Antwortverteilungen (Mustern) in den manifesten Variablen.

Im Fall von zwei latenten Klassen X_1 und X_2 setzt sich die Wahrscheinlichkeit eines bestimmten, beobachteten Antwortmusters π_{ijk}^{ABC} aus den bedingten Wahrscheinlichkeiten dieses Musters in den beiden Klassen, multipliziert mit dem Anteil der Klassen (der Klassengröße π_t^X), zusammen:

$$\pi_{ijk}^{ABC} = \pi_1^X \cdot \pi_{ijk|1}^{ABC|X} + \pi_2^X \cdot \pi_{ijk|2}^{ABC|X}$$

Allgemein geschrieben (für den Fall von t Klassen):

$$\pi_{ijk}^{ABC} = \sum_{t=1}^{T} \pi_t^X \cdot \pi_{ijk|t}^{ABC|X}$$

Ohne Summenzeichen lässt sich die Formel so schreiben:

$$\pi_{ijk}^{ABC} = \pi_1^X \cdot \pi_{ijk|1}^{ABC|X} + \pi_2^X \cdot \pi_{ijk|2}^{ABC|X} + \ldots + \pi_T^X \cdot \pi_{ijk|T}^{ABC|X}$$

2.2.2 Lokale Unabhängigkeit

Neben der Mischverteilungsannahme ist eine zweite Annahme für die Modellschätzung relevant: die Annahme lokaler Unabhängigkeit. Innerhalb jeder Klasse sind die Ausprägungen der beobachteten Indikatoren A, B und C voneinander unabhängig. Das bedeutet, alle Abhängigkeiten in den Daten können durch die latente Variable erklärt werden (siehe auch Abschn. 1.3). Mathematisch bedeutet dies, dass innerhalb jeder latenten Klasse ein multiplikativer Zusammenhang besteht: die Wahrscheinlichkeit für ein bestimmtes Antwortmuster in Klasse X_t wird ausgedrückt als

$$\pi_{ijk|t}^{ABC|X} = \pi_{i|t}^{A|X} \cdot \pi_{j|t}^{B|X} \cdot \pi_{k|t}^{C|X}$$

2.2 Notation und grundlegende Formeln

Im Modell latenter Klassen wird angenommen, dass es keine direkte Abhängigkeit zwischen der Wahl der Kategorien, beispielsweise der „weiß nicht"-Kategorien, in den drei Fragen gibt, sondern dass die Antworten auf die Fragen allein von der latenten Variable „Wissen über internationale Organisationen" beeinflusst werden. Werden separate Kontingenztabellen der Items innerhalb jeder latenten Klasse erstellt, wären die manifesten Variablen in jeder dieser Kontingenztabellen voneinander unabhängig.

> **Exkurs: Was bedeutet (statistische) Unabhängigkeit?**
>
> Die Idee der statistischen Unabhängigkeit lässt sich am Beispiel einer Kontingenztabelle erklären. Kreuztabelliert man z. B. die Antworten auf die Fragen nach den Mitgliedern des UN-Sicherheitsrates und Amnesty International und betrachtet die Anteile, ergibt sich die Verteilung in Tab. 2.4.
>
> Wären die beiden Merkmale (Antworten auf die Frage „UN-Sicherheitsrat" und „Amnesty") statistisch unabhängig voneinander, so müssten sich die inneren Werte der Kreuztabelle allein durch die Multiplikation der Randwahrscheinlichkeiten ergeben. Also sollte z. B. die Kombination „Indien/Menschenrechte" bei einem Anteil von $0{,}6192 \times 0{,}8564 = 0{,}5303$ liegen (siehe Tab. 2.5). Betrachten wir allerdings die empirische Verteilung, so wie sie in den Daten vorkommt (Tab. 2.4), ist festzustellen, dass die tatsächlichen Zellbesetzungen auf eine Abhängigkeit zwischen den beiden Items hindeuten: die Gruppe, die zwei richtige Antworten gibt, ist etwas größer als erwartet, nämlich 0,5659. Auch bei den „weiß nicht"-Antworten weichen die empirisch beobachteten Werte von den Erwartungswerten ab: aus der Multiplikation der Randverteilungen würden wir nur 0,0188, also knapp 2 % der Fälle, erwarten, die beide Fragen mit „weiß nicht" beantworten. Tatsächlich sind es jedoch 0,0612, also 6 %. Das bedeutet, dass die Antworten auf die beiden Fragen nicht unabhängig voneinander sind.

Tab. 2.4 Ständiges Mitglied im UN-Sicherheitsrat und Tätigkeitsbereich Amnesty International, empirische Verteilung. (Quelle: eigene Darstellung)

	Frankreich	China	Indien	Weiß nicht	Anteil
Klimawandel	0,0039	0,0033	0,0250	0,0119	0,0441
Menschenrechte	0,0369	0,1153	0,5659	0,1383	0,8564
Bauwerke	0,000	0,0053	0,0046	0,000	0,0099
Weiß nicht	0,001	0,0040	0,0237	0,0612	0,0896
Anteil	0,0415	0,1278	0,6192	0,2115	1

Tab. 2.5 Ständiges Mitglied im UN-Sicherheitsrat und Tätigkeitsbereich Amnesty International, erwartete Verteilung bei statistischer Unabhängigkeit. (Quelle: eigene Darstellung)

	Frankreich	China	Indien	Weiß nicht	Anteil
Klimawandel	0,0018	0,0056	0,0272	0,0093	0,0441
Menschenrechte	0,035	0,1087	0,5303	0,1799	0,8564
Bauwerke	0,0004	0,0013	0,0061	0,0021	0,0099
Weiß nicht	0,0037	0,0114	0,0551	0,0188	0,0896
Anteil	0,0415	0,1278	0,6192	0,2115	1

Ob die Abweichungen zwischen der erwarteten und der beobachteten Wahrscheinlichkeit statistisch signifikant sind, lässt sich z. B. mit dem Chi-Quadrat-Test berechnen. ◄

2.2.3 Die zentrale Modellgleichung der LCA

Setzen wir die Mischverteilungsannahme und die Annahme der lokalen Unabhängigkeit zusammen, kann die zentrale Gleichung des Modells latenter Klassen geschrieben werden als:

$$\pi_{ijk}^{ABC} = \sum_{t=1}^{T} \pi_t^X \cdot \pi_{i|t}^{A|X} \cdot \pi_{j|t}^{B|X} \cdot \pi_{k|t}^{C|X}$$

für $i = 1, \ldots I; j = 1, \ldots J; k = 1, \ldots K; t = 1, \ldots T$

Die Formel bedeutet, dass sich die Wahrscheinlichkeit für ein bestimmtes Antwortmuster (π_{ijk}^{ABC}) zusammensetzt aus der Multiplikation der Klassengröße π_t^X mit den jeweiligen klassenspezifischen Antwortwahrscheinlichkeiten, summiert über alle Klassen. In anderen Worten: Das Modell erklärt die Wahrscheinlichkeit, mit der ein bestimmtes Antwortmuster in den Daten vorkommt (z. B. das Muster „Frankreich", „Washington D.C." und „Menschenrechtsverletzungen") durch die Größe der latenten Klassen und die konditionalen Wahrscheinlichkeiten für die einzelnen Antwortkategorien. Damit wird noch einmal klar, dass eine empirische Beobachtung (ein bestimmtes Antwortmuster kommt im Datensatz so und so häufig vor), im Modell durch Eigenschaften der latenten Klassen erklärt wird.

Als Rechenbeispiel: Die Berechnung der Wahrscheinlichkeit für das Antwortmuster „Indien", „Washington D.C." und „Menschenrechtsverletzungen" in Klasse 1 $\pi_{112|1}^{ABC|X}$ erfolgt durch (Werte siehe Tab. 2.2): $\pi_1^X \cdot \pi_{1|1}^{A|X} \cdot \pi_{1|1}^{B|X} \cdot \pi_{2|1}^{C|X} = 0{,}83 \cdot 0{,}71 \cdot 0{,}21 \cdot 0{,}92 = 0{,}1139$; für die Wahrscheinlichkeit im Gesamtdatensatz muss noch die Wahrscheinlichkeit in Klasse 2 addiert werden, also $\pi_{112|2}^{ABC|X} = \pi_2^X \cdot \pi_{1|2}^{A|X} \cdot \pi_{1|2}^{B|X} \cdot \pi_{2|2}^{C|X} = 0{,}17 \cdot 0{,}15 \cdot 0{,}03 \cdot 0{,}52 = 0{,}0004$; Insgesamt kommt das Muster 179 mal im Datensatz vor: $179/1518 = 0{,}1179$. Die geschätzte Wahrscheinlichkeit $0{,}1139 + 0{,}0004 = 0{,}1143$ weicht leicht vom empirischen Vorkommen des Musters ab. Dies liegt daran, dass das Modell weniger Parameter aufweist als die empirischen Daten; die Komplexitätsreduktion kann mit einem Verlust an Genauigkeit einhergehen.

2.3 Schätzung der Modellparameter

Die oben diskutierte zentrale Gleichung suggeriert, dass klassenspezifische Antwortwahrscheinlichkeiten und Klassengröße als Parameter vorliegen. Tatsächlich sind diese aber Teil der latenten Variablen und damit zu Beginn der Analyse unbekannt – sie werden aus den Antwortmustern in den empirischen Daten geschätzt. In der latenten Klassenanalyse erfolgt die Schätzung üblicherweise mittels der Maximum-Likelihood-Methode. Dabei werden die Modellparameter (klassenspezifische Antwortwahrscheinlichkeiten und Klassengröße) so geschätzt, dass die modellierte Verteilungsfunktion möglichst gut zu den empirischen Daten passt. Da mit einem Modell üblicherweise Komplexität reduziert werden soll, ist die Passung zwischen dem Modell und den empirischen Daten nicht perfekt – das Ziel der Schätzung der Modellparameter ist es, sich der empirischen Verteilung so gut wie möglich anzunähern. Diese Annäherung wird quantifiziert durch die sogenannte Likelihood. Die Likelihood-Funktion ist die Wahrscheinlichkeitsdichte der Gesamtheit der Werte auf allen Variablen im Modell, manifest wie latent, für alle Fälle des Datensatzes (Masyn 2013, 561). Sie bezieht sich jeweils auf einen Satz an Modellparametern, also bestimmte Werte für klassenspezifische Antwortwahrscheinlichkeiten und Klassengröße. Einfach gesagt, eine hohe Likelihood drückt eine hohe Plausibilität aus, dass – unter der Bedingung der geschätzten Modellparameter – die empirischen Daten so, wie sie sind, vorliegen. Je höher der Likelihood-Wert, desto besser die Passung zwischen Modell und empirischen Daten. Die Maximierung der Likelihood-Funktion dient somit dem Auffinden des Modells latenter Klassen, das die empirische Verteilung der Daten bestmöglich widerspiegelt. In der Praxis wird meist der natürliche Logarithmus des Likelihood (Log-Likelihood, LL) zur Berechnung verwendet, da damit ein multiplikatives Modell in ein additives umgewandelt wird, das mathematisch einfacher zu optimieren ist.

Die Modellschätzung erfolgt in einem iterativen Prozess. Das bedeutet, es gibt keine eindeutige Lösung der Modellgleichung, sondern ein Such-Algorithmus probiert nacheinander verschiedene Lösungen für die Parameter aus, bis das Modell mit dem höchsten Log-Likelihood (oder eine vorher festgelegte Maximalzahl an Versuchen) erreicht ist. Für die Maximierung der Log-Likelihood-Funktion wird in der latenten Klassenanalyse meist der Expectation-Maximization-Algorithmus (EM) verwendet.

Der EM-Algorithmus geht in zwei Schritten vor. Im ersten Schritt wird so getan, als seien die Klassenzuordnungswahrscheinlichkeiten (π_t^X) der einzelnen Beobachtungen bekannt. Dafür werden beim ersten Durchlauf zufällige Startwerte, in den weiteren Durchläufen die geschätzten Werte aus dem vorherigen Durchlauf des Algorithmus eingesetzt. Mithilfe der Klassenzuordnungswahrscheinlichkeiten werden dann die anderen Modellparameter ($\pi_{it}^{A|X}; \pi_{jt}^{B|X}; \pi_{kt}^{C|X}\ldots$) berechnet. Die so berechneten Modellparameter werden wiederum zu Neuschätzung der Klassenzuordnungswahrscheinlichkeiten verwendet. Dabei versucht der Algorithmus, die Log-Likelihood zu maximieren, es wird also geprüft, ob eine Veränderung der Parameter die Passung an die empirischen Daten erhöht. Die so erhaltenen neuen Parameter werden wiederum als Startwerte im nächsten Durchlauf verwendet. Diese beiden Schritte werden so lange wiederholt, bis sich der Wert der Log-Likelihood nicht mehr (oder nur noch marginal) ändert: die LL-Funktion konvergiert. Beispielsweise gibt es in poLCA die Standardeinstellung, dass der Algorithmus stoppt, wenn die Änderung der Log-Likelihood zwischen zwei Durchgängen geringer als 0,0000000001 ist. Wird die maximale Anzahl an Durchgängen erreicht, obwohl sich die Log-Likelihood weiter verändert, ist die Schätzfunktion nicht konvergiert, die ideale Lösung wurde nicht gefunden.

Auch wenn die Funktion konvergiert, kann es passieren, dass es sich bei dem gefundenen Maximum der LL-Funktion um ein lokales anstatt globales handelt – eine Veränderung der Modellparameter verschlechtert zwar die Likelihood, eigentlich gäbe es jedoch mit anderen Werten eine noch bessere Lösung. In Abb. 2.1 wird ein solcher Fall illustriert. Man kann sich den Algorithmus dabei wie einen Bergsteiger vorstellen, der immer nach oben strebt, jedoch aufgrund von schlechten Sichtverhältnissen nicht weiß, wann er den höchsten Gipfel erreicht hat. Er hält daher auf dem erstbesten Gipfel inne. Daher ist es in der Praxis wichtig, die Schätzung mehrmals mit unterschiedlichen Startwerten für die Zuordnungswahrscheinlichkeiten durchzuführen – sozusagen mehrere Bergsteigerinnen und Bergsteiger von unterschiedlichen Punkten aus loszuschicken. Wird mit unterschiedlichen Startwerten wiederholt derselbe LL-Wert erreicht, ist die Wahrscheinlichkeit hoch, dass es sich um das globale Maximum handelt.

In unserem Beispiel mit zwei Klassen und dem Wissen über politische Institutionen ändert sich die geschätzte Likelihood von −4082,792 in fünf Durchgängen

2.3 Schätzung der Modellparameter

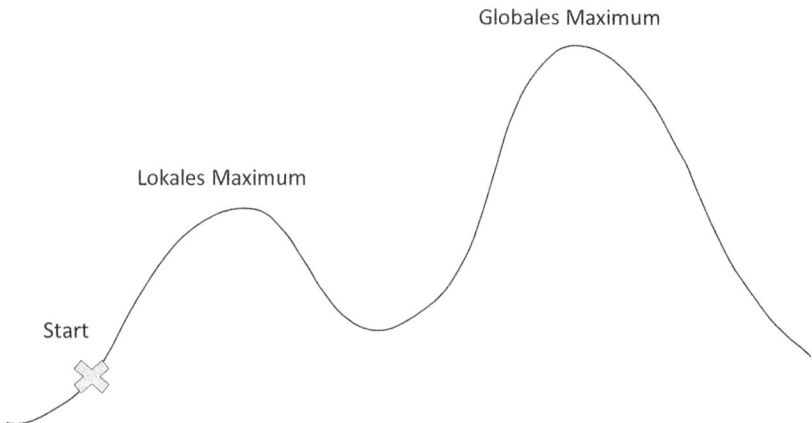

Abb. 2.1 Lokales und globales Maximum einer Funktion. (Quelle: eigene Darstellung)

nicht, was für eine stabile Modellschätzung spricht. Die absolute Größe der Log-Likelihood ist an sich wenig aussagekräftig, sie hängt von der Anzahl der Modellparameter sowie der Komplexität und Größe des Datensatzes ab. Wichtig ist einerseits, ob die gleiche Zahl in mehreren Durchgängen repliziert werden kann, andererseits bildet die Likelihood die Grundlage für Maße absoluter und relativer Modellgüte (siehe Abschn. 2.5). Wird hingegen versucht, aus den vorhandenen Daten ein Modell mit drei oder mehr Klassen zu schätzen, werden zwar Modellparameter ausgegeben, aber es kommt die Fehlermeldung MAXIMUM LIKELIHOOD NOT FOUND; das bedeutet, dass die Lösung im 3-Klassen-Modell kein globales Maximum hat.

Generell werden für die Schätzung eines latenten Klassenmodells mindestens drei manifeste Variablen benötigt. Sind die manifesten Variablen dichotom, haben also jeweils nur zwei Kategorien, können Modellparameter nur für eine Lösung mit zwei Klassen eindeutig geschätzt werden – Modelle mit drei Klassen und mehr sind nicht identifiziert (Magidson und Vermunt 2004; siehe auch Abschn. 2.4). Bei einem nicht identifizierten Modell existieren unterschiedliche Lösungen (d. h., unterschiedliche Modellparameter), die jedoch den gleichen Wert der LL-Funktion aufweisen. Auch diese Problematik lässt sich erkennen, wenn mehrere Durchgänge mit unterschiedlichen Startwerten durchgeführt werden – wird in mehreren Durchgängen der gleiche LL-Wert erreicht, aber unterschiedliche Modellparameter ausgegeben, spricht dies für ein Problem mit der Modellidentifikation, zusätzlich wird in der Regel die Fehlermeldung MAXIMUM LIKELIHOOD NOT FOUND ausgegeben. In solchen Fällen sollte eine Lösung mit weniger Klassen bevorzugt werden. Unproblematisch ist es, wenn sich lediglich die Reihenfolge der Klassen ändert, diese ist zufällig (siehe Abschn. 3.6). Mathematisch-statistische Details zur LL-Funktion und der EM-Schätzung im Rahmen der latenten Klassenanalyse finden sich z. B. in Bacher und Vermunt (2010).

2.4 Die Anzahl der Parameter im Modell

Um weitergehend zu evaluieren, wie gut ein Modell zu den Daten passt und welche Veränderungsmöglichkeiten es gibt, lohnt sich ein Blick auf die Anzahl der Modellparameter und ihren Gegenpart, die Freiheitsgrade. Die geschätzten Modellparameter sind die Anteile der latenten Klassen (Klassengröße) und die klassenspezifischen Antwortwahrscheinlichkeiten für jede Itemkategorie. Daher leitet sich die Anzahl der Modellparameter (npar) aus der Anzahl der Kategorien der manifesten Variablen und der Anzahl der latenten Klassen ab. Pro Variable mit einer Anzahl J an Kategorien werden $J-1$ Parameter pro Klasse geschätzt: Da sich die klassenspezifischen Antwortwahrscheinlichkeiten über alle Kategorien zu 1 aufsummieren, ergibt sich der Parameter für die letzte Kategorie automatisch aus der Differenz zwischen 1 und der Summe der anderen Antwortwahrscheinlichkeiten, er muss nicht geschätzt werden.

In unserem Beispiel der Schätzung des politischen Wissens haben alle 3 Items jeweils 4 Antwortkategorien. Im 2-Klassen-Modell betragen z. B. die geschätzten Wahrscheinlichkeiten für die Angaben des Sitzes des IWF in Klasse 1 50,78 % für Genf, 17,85 % für London und 20,50 % für Washington D.C. Die Wahrscheinlichkeit für die vierte Antwortkategorie „weiß nicht" in Klasse 1 ergibt sich somit automatisch aus $1-(0{,}5078+0{,}1785+0{,}2050)=1-0{,}8913=0{,}1087$, also 10,87 %.

Ebenso ist es bei der Klassengröße: Hat die latente Variable T Klassen, so müssen dafür $T-1$ Parameter geschätzt werden, da sich die Anteile der Klassen insgesamt zu 1 aufsummieren und somit auch wieder die Größe der letzten Klasse automatisch festgelegt ist. Insgesamt ergeben sich im Beispielmodell mit 2 Klassen ein Parameter für die Klassengröße ($T=2$, also $T-1=1$) und neun klassenspezifische Antwortwahrscheinlichkeiten pro Klasse (für alle drei Items gilt $I=4$, also $I-1=3$). Da es zwei Klassen gibt, müssen die neun Antwortwahrscheinlichkeiten mit 2 multipliziert werden und *npar* beträgt insgesamt 19, indem $2 \cdot 9 + 1 = 19$. Käme eine weitere Klasse dazu, würde die Anzahl der Parameter auf $3 \cdot 9 + 2 = 29$ steigen, pro weiterer geschätzter Klasse kämen weitere zehn

Parameter (neun für die klassenspezifischen Antwortwahrscheinlichkeiten und einer für die Klassengröße) dazu.

Die Anzahl der möglichen schätzbaren Modellparameter ist limitiert durch die Anzahl der empirisch vorhandenen Antwortmuster. In unseren Beispieldaten gibt es bei drei Variablen mit je vier Kategorien theoretisch 64 ($4 \cdot 4 \cdot 4$, also 4^3) mögliche Muster (von denen jedoch nur 52 tatsächlich in den Daten vorkommen). Die Differenz zwischen der Anzahl aller Antwortmuster und den Modellparametern wird als „Freiheitsgrade" bezeichnet, im Fall von zwei Klassen haben wir also $64 - 19 = 45$ Freiheitsgrade. Theoretisch wären somit Modelle mit bis zu 6 Klassen möglich ($6 \cdot 9 + 5 = 59$), bei 7 Klassen würde die Anzahl der Modellparameter die Anzahl der empirischen Parameter übersteigen ($7 \cdot 9 + 6 = 69$). Der Versuch, mehr latente Modellparameter zu schätzen, als Informationen in den manifesten Daten vorliegen, führt notwendigerweise zu einem nicht eindeutig identifizierten Modell[2]. Insgesamt besteht das Analyseziel in aller Regel im Auffinden eines möglichst „sparsamen" Modells, das die empirisch vorhandene Komplexität reduziert, also wichtige Informationen mittels möglichst weniger Klassen transportiert. Die Anzahl der geschätzten Modellparameter und der Freiheitsgrade wird von der verwendeten Software ausgegeben (siehe Abschn. 3.5 und Abschn. 3.6).

2.5 Modellgüte und -auswahl

Durch die Likelihood-Schätzung stehen in der latenten Klassenanalyse mathematisch-statistische Maße zur Bestimmung der absoluten wie der relativen Modellgüte zur Verfügung. Während die absolute Modellgüte Auskunft darüber gibt, wie gut ein bestimmtes Modell zu den beobachteten Daten passt, können Maße der relativen Modellgüte verwendet werden, um Modelle mit verschiedenen Klassenzahlen (und anderen Variationen) zu vergleichen. Die Entscheidung über die Klassenanzahl steht am Anfang der Berechnung latenter Klassenmodelle. Sofern es keine aus der Theorie abgeleiteten klaren Erwartungen zur Anzahl der latenten Klassen gibt, ist das Vorgehen explorativ. Dazu werden mehrere Modelle anhand ihrer Gütemaße und weiterer Kriterien, allen voran inhaltliche Interpretierbarkeit, verglichen.

---

[2] Beim Versuch, ein Modell mit 7 Klassen mit den Beispieldaten zu schätzen, gibt R eine entsprechende Fehlermeldung aus: `ALERT: negative degrees of freedom; respecify model`. In der Praxis existiert allerdings, wie oben erläutert, nur für das Zwei-Klassen-Modell eine eindeutige Lösung.

2.5.1 Absolute Modellgüte

Maße der absoluten Modellgüte drücken aus, ob ein bestimmtes Modell die empirischen Daten adäquat repräsentiert, ohne es mit alternativen Modellen zu vergleichen. Ein häufig verwendetes Maß für Modelle mit kategorialen manifesten Variablen ist die Likelihood-Ratio Chi-Quadrat-Statistik G^2 (Agresti 2012, 79), auch als L^2 oder χ^2_{LR} bezeichnet. Wie beim Chi-Quadrat-Test für Kontingenztabellen werden die beobachteten Zellenbesetzungen bzw. Antwortmuster mit den im Rahmen des Modells erwarteten verglichen. Maßstab für den Vergleich ist die theoretische Chi-Quadrat-Verteilung unter Berücksichtigung der Freiheitsgrade des Modells.

Der Fall, dass das Modell die beobachteten Daten adäquat abbildet, ist im Fall von G^2 die Nullhypothese – entgegen der üblichen Suche nach signifikanten Ergebnissen deutet ein signifikantes Ergebnis hier auf eine schlechte Passung zwischen Modell und empirischen Daten hin. Signifikant bedeutet in diesem Fall, dass es bedeutende Abweichungen zwischen den empirischen Daten und dem verwendeten Modell gibt. Eine sehr gute Passung zwischen Modell und empirischen Daten, und damit eine hohe Modellgüte, wird also durch ein nicht signifikantes Testergebnis ausgedrückt. Allerdings sind – ebenso wie beim „klassischen" Chi-Quadrat-Test – eine zu kleine Fallzahl oder gering besetzte Tabellen in der Kontingenztabelle problematisch, da die G^2-Statistik dann von der theoretischen Chi-Quadrat-Verteilung abweicht (Collins und Lanza 2009, 82–86). In der Praxis ist G^2 daher nur in Modellen mit geringer Komplexität aussagekräftig. Eine mögliche Lösung für die Abweichung von der theoretischen Chi-Quadrat-Verteilung ist parametrisches bootstrapping des G^2-Wertes (Vermunt und Magidson 2013, 62–63). Dabei werden viele Stichproben aus den vorhandenen Daten gezogen, um auf dieser Grundlage die Verteilung der Werte zu berechnen. Dieses Verfahren ist jedoch relativ rechenintensiv und im poLCA-Paket nicht implementiert (siehe Abschn. 3.5.4 für ein Beispiel mit dem R-Paket glca).

Ein weiteres Maß, das der absoluten Modellgüte zugerechnet werden kann, ist die Entropie: sie gibt an, wie hoch die durchschnittliche Klassifikationsgüte bzw. Separation der Klassen ist, oder anders ausgedrückt, mit welcher Sicherheit Individuen einer bestimmten Klasse zugeordnet werden können. Die Entropie kann theoretisch Werte zwischen 0 und 1 annehmen, wobei ein Wert von 1 eine perfekte Klassenseparation, d. h. eine völlig eindeutige Zuordnung bestimmter Antwortmuster bzw. Fälle zu den Klassen bedeutet. Ein Wert nahe 0 drückt hingegen aus, dass die Wahrscheinlichkeiten, einer bestimmten Klasse zugeordnet zu werden, für alle Fälle gleich verteilt sind, das Modell einer zufälligen Einteilung also

2.5 Modellgüte und -auswahl

kaum überlegen ist. Während ein Wert von 1 in der Realität kaum erreicht werden wird, ist eine gute Klassenseparation prinzipiell wünschenswert; insbesondere dann, wenn in weiterführenden Analysen Fälle eindeutig einer Klasse (der Klasse, für die die größte Klassifikationswahrscheinlichkeit besteht) zugeordnet werden sollen. Ein Entropie-Wert nahe 1 drückt aus, dass die Zuordnung jedes Falles zu seiner wahrscheinlichsten Klasse wenig fehlerbehaftet ist.

In der Modellauswahl sollte der Entropie nicht zu viel Wert beigemessen werden, da sie tendenziell mit der Anzahl der Klassen ansteigt (Collins und Lanza 2009, 75). Sie ist daher nicht als alleiniger Indikator für die Entscheidung über die Klassenanzahl geeignet, sondern eher als Ausschlusskriterium für Lösungen mit einem zu niedrigen Entropiewert (oft wird 0,8 als Schwellenwert verwendet).

2.5.2 Relative Modellgüte

Die Maße der relativen Modellgüte spielen eine wichtige Rolle bei der Entscheidung über die Klassenanzahl. Zu den wichtigsten Maßen zählen sogenannte Informationsmaße (information criteria, IC). Die Idee der Informationsmaße ist die folgende: Zum Vergleich von Lösungen mit verschiedenen Klassenzahlen ist der LL-Wert an sich als Gütemaß nicht geeignet, da mit steigender Modellkomplexität die Passung des Modells zu den Daten immer besser wird. Wird eine Klasse hinzugefügt, verbessert sich automatisch der LL-Wert, jedoch nicht unbedingt die Sinnhaftigkeit und die Qualität des Modells. Je komplexer das Modell, also je mehr Klassen geschätzt werden, umso größer ist die Gefahr, Muster zu interpretieren, die nur zufällig in diesem Datensatz vorhanden, aber nicht auf andere Zusammenhänge übertragbar sind („overfitting"). Die Informationsmaße versuchen daher, die optimale Balance zwischen einer guten Anpassung des Modells an die beobachteten Daten und Komplexitätsreduktion zu finden. Dazu wird der durch den LL-Wert ausgedrückte „model fit" mit der Anzahl der Modellparameter (npar, siehe Abschn. 2.4) verrechnet. Es gibt verschiedene Informationsmaße, die alle nach dem gleichen Prinzip funktionieren, jedoch etwas unterschiedliche Akzente bei der „Bestrafung" der Modellkomplexität setzen. Die bekanntesten sind BIC (Bayesian Information Criterion) und AIC (Akaikes Information Criterion), zusätzlich gibt es noch etliche weitere Varianten wie AIC3, CAIC, ABIC etc. (siehe z. B. Nylund-Gibson und Choi 2018). Die Formeln für BIC und AIC lauten:

$$\text{BIC} = -2\,\text{LL} + \ln(n) \cdot \text{npar}$$
$$\text{AIC} = -2\,\text{LL} + 2 \cdot \text{npar}$$

Bei beiden Informationsmaßen wird der LL-Wert mit -2 multipliziert und damit positiv. AIC und BIC unterscheiden sich in der Art und Weise, wie die Anzahl der Parameter npar einfließt: beim AIC wird die Anzahl der Parameter mit 2 multipliziert und zum LL-Wert hinzugezählt, beim BIC fließt zusätzlich zu npar der Logarithmus der Anzahl der Fälle (n) mit ein.

In der praktischen Anwendung werden die Informationsmaße für verschiedene Klassenanzahlen berechnet und verglichen. Der jeweils kleinste Wert zeigt die Lösung mit der besten Balance zwischen guter Modellanpassung und zu großer Komplexität an. Im Idealfall kommen die Informationsmaße zur selben Schlussfolgerung, meist ist allerdings zu beobachten, dass verschiedene Informationsmaße verschiedene Klassenanzahlen als optimale Lösung angeben. So tendiert z. B. der AIC in der Regel zu mehr Klassen und hat eine Tendenz zum „overfitting", während der BIC mehr Wert auf Komplexitätsreduktion legt, was zu weniger vorgeschlagenen Klassen führt und die Gefahr des „underfitting" birgt. Auf der Basis verschiedener Simulationsstudien schlagen Dziak et al. (2020) vor, in Situationen mit kleinen Fallzahlen und schwer zu differenzierenden Klassen eher auf anpassungsbetonte Kriterien wie den AIC zu vertrauen, während bei großen Fallzahlen und klar separierten Klassen komplexitätsreduzierende Maße wie der BIC besser funktionieren. Für die meisten sozialwissenschaftlichen Anwendungsbereiche dürfte der BIC verlässlicher sein (vgl. auch Nylund et al. 2007). Falls Informationskriterien mit jeder weiteren Klasse im Modell geringer werden und kein Minimum erreicht wird, kann es hilfreich sein, die Werte der Informationskriterien für die verschiedenen Klassenanzahlen als Scree-Plot (bekannt etwa aus der Faktorenanalyse) abzubilden und nach einem Knick bzw. „Ellenbogen" Ausschau zu halten, ab dem die Unterschiede zwischen den Modellen geringer werden – siehe Nylund-Gibson und Choi 2018, Abb. 2 sowie Abschn. 3.5.3 in diesem Buch.

Neben den Informationsmaßen kann die relative Modellgüte durch inferenzstatistische Tests, die auf dem Vergleich der LL-Werte von zwei genesteten Modellen beruhen, bestimmt werden. Der klassische Likelihood-Ratio-Test (LRT) testet ein Nullmodell (mit $k-1$ Klassen) gegen ein alternatives Modell mit k Klassen, also einer Klasse mehr. Ein signifikantes Testergebnis deutet darauf hin, dass sich die Modellanpassung durch das Hinzufügen einer Klasse verbessert. Allerdings setzt der klassische LRT-Test eine Chi-Quadrat-Verteilung der Teststatistik voraus, die im Fall latenter Klassen nicht gegeben ist (u. a. Nylund et al. 2007). Zur Überwindung dieses Problems wird der Vuong-Lo-Mendell-Rubin-Test (VLMR bzw. LMR), der ebenfalls auf dem Vergleich zweier benachbarter Modelle anhand des LL-Werts beruht, vorgeschlagen. Ist das Ergebnis nicht signifikant, spricht der Test für das Modell mit einer Klasse weniger (Nylund-Gibson und Choi 2018; Nylund et al. 2007).

Ein weiterer, auf Basis von Simulationsstudien dem VLMR in vielen Fällen überlegener Test ist der bootstrapped likelihood ratio test (BLRT). Er basiert ebenso wie der VLMR-Test auf dem Vergleich der LL-Werte der Modelle mit $k - 1$ und k Klassen. Da die Verteilungsannahmen des „normalen" Likelihood-Ratio-Differenztests im Fall von genesteten finiten Mischmodellen nicht zutreffend sind, wird bei diesem Test mithilfe von bootstrapping, d. h. dem Ziehen vieler Stichproben aus dem vorhandenen Datensatz, die Verteilung der LL-Teststatistik empirisch geschätzt (Nylund et al. 2007)[3].

An dieser Stelle ist darauf hinzuweisen, dass die wissenschaftliche Diskussion, welche Informationskriterien und statistischen Tests am angemessensten für die Identifikation der richtigen Klassenanzahl sind, anhaltend geführt wird, und es – wie oben bereits deutlich wurde – nicht die eine, beste Lösung für alle Anwendungsfälle gibt. Zusätzlich wird die Situation dadurch verkompliziert, dass in verschiedenen Softwares teils unterschiedliche Tests und Informationskriterien implementiert sind. Der Vollständigkeit halber sei darauf hingewiesen, dass weitere, hier nicht einzeln behandelte Methoden die Betrachtung der bivariaten Residuen als Maß lokaler Modellgüte (Oberski et al. 2013) sowie die Berechnung des Bayes Factor und der approximate correct model probability (cmP; Masyn 2013) sind.

2.5.3 Modellauswahl

Wie kommt man angesichts nicht eindeutiger Gütekriterien trotzdem zu einer informierten Entscheidung über die Klassenanzahl? Als Vorgehensweise ist es empfehlenswert, sich verschiedene Gütekriterien für eine Anzahl von Modellen (z. B. zwei bis zehn Klassen) ausgeben zu lassen und daraufhin einen Bereich aller aufgrund der Gütekriterien prinzipiell in Frage kommender Modelle (z. B. drei bis fünf Klassen) zu betrachten. Am wichtigsten bei der endgültigen Entscheidung für ein bestimmtes Modell sind neben den statistischen Kriterien die inhaltliche Interpretierbarkeit, Stabilität (Replizierbarkeit) und Validität. Zudem sollte das Modell möglichst sparsam („parsimonious") sein, d. h. die Komplexität der empirischen Daten größtmöglich reduzieren. In der LCA bedeutet dies konkret, dass man sich bei der Wahl zwischen zwei Modellen mit ähnlichen Gütekriterien für dasjenige mit weniger Klassen bzw. Parametern entscheiden sollte. Letztendlich ist in den Sozialwissenschaften entscheidend, dass das Modell im Licht der Theorie

---

[3] Weder VLMR- noch BLRT-Test sind im R-Paket poLCA implementiert, sie können jedoch mithilfe von tidyLPA (VLMR) und glca (BLRT) durchgeführt werden (siehe Abschn. 3.5.4).

und des Forschungsstandes inhaltlich Sinn ergibt und überzeugende Schlussfolgerungen erlaubt. Für die inhaltliche Interpretation werden die klassenspezifischen Antwortwahrscheinlichkeiten der Items und die Klassengrößen betrachtet und mit theoretischen Erwartungen verglichen. Die Klassenprofile sollten klar voneinander abgrenzbar sein und mit einigen Schlagworten beschrieben werden können. Die Stabilität kann beispielsweise mit einem Split-Half-Design untersucht werden, bei dem der Datensatz zufällig in zwei Hälften geteilt und die Analyse für beide Hälften getrennt durchgeführt wird. Eine weitere Möglichkeit ist die Wegnahme von Variablen, die nicht gut zwischen den Klassen differenzieren und ein darauffolgender Vergleich der Ergebnisse (Bacher und Vermunt 2010, 567–569). Die Validität lässt sich testen, indem theoretisch erwartete Zusammenhänge der latenten Klassen mit externen Variablen geprüft werden. Im Beispiel der zwei Klassen mit hohem und niedrigem Wissen über internationale Organisationen wäre z. B. zu erwarten, dass das Bildungsniveau oder die Wahrscheinlichkeit der Teilnahme an der letzten Bundestagswahl in der Gruppe mit hohem politischem Wissen höher sind.

Durchführung einer latenten Klassenanalyse Schritt für Schritt in R

3.1 Vorbereitung der Analyse und Variablenauswahl

Für die Analyse werden die folgenden R-Pakete benötigt:

- readxl – Einlesen des Datensatzes (Wickham und Bryan 2023)
- dplyr – Datenmanagement (Wickham et al. 2023b)
- sjlabelled – Bearbeitung von Variablenbeschriftungen (Lüdecke 2022)
- poLCA – latente Klassenanalyse (Linzer und Lewis 2022)
- ggplot2 – für die Erstellung von Abbildungen (Wickham et al. 2023a)
- ggthemes – für die individuelle Darstellung von Abbildungen (Arnold 2024)
- wesanderson – individuelle Farbpaletten (Ram und Wickham 2023)

Diese Pakete sollten vor Beginn der Analyse in R installiert, falls noch nicht vorhanden (install.packages("packagename")) und aktiviert (library(packagename)) werden.

```
library(readxl)
library(dplyr)
library(sjlabelled)
library(poLCA)
library(ggplot2)
library(ggthemes)
library(wesanderson)
```

Der Datensatz wird, wie in Abschn. 1.4 beschrieben, heruntergeladen und lokal gespeichert. Dann kann er mithilfe des Pakets readxl als Datenobjekt w7g in R eingelesen werden.

```
w7g <- read_excel("./F00013243-WVS_Wave_7_Germany_ExcelTxt_
        v5.0.xlsx")
```

Anschließend wird ein reduzierter Sub-Datensatz `w7g_sub`, der lediglich die in den folgenden Analysen benötigten Variablen enthält, erstellt. Diese werden anhand ihrer Position im Originaldatensatz indiziert.

```
w7g_sub <- w7g %>% dplyr::select(124:126,155:162,297,313)
```

Alternativ wird der Sub-Datensatz, der im GitHub-Repositorium des Buches abgelegt ist, in die R-Umgebung geladen.

```
load("./w7g_sub.RData")
```

Als Beispiel werden nun die Fragen Q122 bis Q129, die verschiedene Ansichten zur Zuwanderung wiedergeben, verwendet. Es wurden acht Items mit den Antwortmöglichkeiten „stimme zu" und „stimme nicht zu" zur Debatte gestellt. Die genaue Fragestellung lautet:
  Wie wirkt sich Ihrer Meinung nach die Zuwanderung auf die Entwicklung Deutschlands aus? Bitte sagen Sie mir zu jeder der folgenden Aussagen über die Auswirkungen der Zuwanderung, ob Sie ihr zustimmen oder nicht zustimmen.

Füllt offene Arbeitsplätze (Q122)
Stärkt kulturelle Vielfalt (Q123)
Erhöht die Kriminalitätsrate (Q124)
Bietet politischen Flüchtlingen Zuflucht, die anderswo verfolgt werden (Q125)
Erhöht die Gefahr von Terroranschlägen (Q126)
Bietet Menschen aus armen Ländern bessere Lebensbedingungen (Q127)
Erhöht die Arbeitslosigkeit (Q128)
Führt zu sozialen Konflikten (Q129)

Die weiteren Antwortmöglichkeiten „schwer zu sagen", „weiß nicht" und „keine Antwort" wurden nicht vorgelesen, aber bei Nennung durch die Befragten kodiert.
  Die Fragestellung der folgenden Analyse lautet, welche latenten Klassen sich bei der Einstellung zur Zuwanderung in der deutschen Bevölkerung feststellen lassen. Heftige mediale und politische Auseinandersetzungen zur Offenheit gegenüber Migrantinnen und Migranten sowie bisherige Forschungsergebnisse lassen vermuten, dass die Einstellungen zu Migration und Integration in der deutschen

Bevölkerung heterogen sind. Oft wird in diesem Zusammenhang eine mögliche gesellschaftliche Konfliktlinie zwischen für Offenheit werbenden Kosmopoliten und migrationskritischen Kommunitaristen diskutiert, die auch eine sozio-ökonomische Komponente hat (z. B. Mau et al. 2020). Insofern erscheint es sinnvoll, zu fragen, welche Gruppen bzw. Einstellungsmuster sich empirisch ergeben. In einem weiteren Schritt können diese Muster mit Kovariaten wie etwa dem Bildungsstand oder dem Einkommen in Verbindung gesetzt werden (Kap. 4).

3.2 Univariate Häufigkeiten

Zunächst werden die relativen Häufigkeiten der Kategorien in den einzelnen Variablen betrachtet, um einen ersten Überblick über die Verteilung der Antworten zu ermöglichen. Um die Analyse zu erleichtern, wird erneut ein Sub-Datensatz (df_ex) erstellt, der nur die unmittelbar verwendeten Variablen enthält; zudem werden die sehr langen Variablennamen etwas abgekürzt. Für die in Kap. 4 anschließende Analyse mit Kovariaten gehören die Variablen Alter und Bildung bereits dem Sub-Datensatz an.

```
df_ex <- w7g_sub %>% dplyr::select(4:13)
names(df_ex) <- sub(": Immigration in your country:", "",
                    names(df_ex))
```

Zur übersichtlicheren Darstellung wird die Häufigkeitstabelle in R in mehreren Schritten erstellt. Das Objekt t1 enthält die absoluten Häufigkeiten, das Objekt t2 die relativen Häufigkeiten (Prozentangaben). Die hier abgebildete Tabelle wurde zur übersichtlicheren Darstellung transponiert, d. h. die Zeilen und Spalten wurden vertauscht.

```
t1 <- apply(df_ex[,1:8],2, table) # absolute Häufigkeiten
t1_r <- round(proportions(t1,2), 2) # relative Häufigkeiten
t1_rt <- t(t1_r) # transponieren
```

Bei der Betrachtung der Häufigkeiten in Tab. 3.1 zeigt sich, dass einige der Aussagen auf starke Zustimmung treffen. So stimmen 89 % der deutschen Befragten der Aussage zu, dass Zuwanderung Menschen aus armen Ländern bessere Lebensbedingungen bietet. Fast ebenso viele sind der Meinung, dass politisch Verfolgten Zuflucht geboten wird. Die Frageformulierung lässt allerdings offen, ob die Befragten

Tab. 3.1 Univariate Häufigkeiten. (Quelle: eigene Darstellung)

	Agree	Disagree	Don't know	Hard to say	No answer
Q122 Fills useful jobs in the workforce	0,50	0,35	0,02	0,13	0,0
Q123 Strengthens cultural diversity	0,68	0,21	0,02	0,08	0,0
Q124 Increases the crime rate	0,61	0,25	0,02	0,12	0,0
Q125 Gives asylum to political refugees	0,87	0,04	0,02	0,07	0,0
Q126 Increases the risks of terrorism	0,64	0,25	0,02	0,09	0,0
Q127 Helps poor people establish new lives	0,89	0,06	0,01	0,04	0,0
Q128 Increases unemployment	0,36	0,50	0,02	0,12	0,0
Q129 Leads to social conflict	0,82	0,10	0,02	0,07	0,0

dies positiv, negativ oder einfach als neutrale Aussage sehen. Eine deutliche Mehrheit der Befragten ist der Meinung, dass Zuwanderung negative Auswirkungen hat, etwa zu sozialen Konflikten führt (82 %) und die Gefahr von Terroranschlägen (64 %) sowie die Kriminalitätsrate erhöht (61 %). Gleichzeitig stößt jedoch auch die Aussage, dass Zuwanderung die kulturelle Diversität stärkt, auf breite Zustimmung (68 %). Bei den Fragen, ob Zuwanderung offene Arbeitsplätze füllt oder die Arbeitslosigkeit erhöht, sind jeweils ca. 50 % der Befragten optimistisch, während etwas mehr als ein Drittel der Befragten negative Konsequenzen befürchtet. Weiterhin fällt auf, dass die Antwort „schwer zu sagen" von bis zu 13 % der Befragten gewählt wurde, obwohl diese nicht als „offizielle" Antwort vorgelesen wurde. Aufgrund des gesellschaftlichen Deutungskonflikts kann man vermuten, dass es eine latente Klasse gibt, die Zuwanderung insgesamt eher kritisch sieht und damit hohe Wahrscheinlichkeiten aufweist, negativen Auswirkungen wie Erhöhung der Kriminalitäts- und Arbeitslosenrate zuzustimmen. Eine weitere latente Klasse könnten zuwanderungsfreundliche Befragte sein, die negative Auswirkungen eher ablehnen und eine hohe Wahrscheinlichkeit haben, Aussagen wie „stärkt kulturelle Vielfalt" und „füllt offene Arbeitsplätze" zuzustimmen. Es stellt sich jedoch die Frage, ob sich tatsächlich nur diese beiden gegensätzlichen Meinungslager ergeben, oder ob es weitere Klassen gibt, die z. B. sowohl positive als auch negative Aspekte betonen. Anhand der Häufigkeiten ließe sich auch die Existenz einer Klasse von Unentschlossenen vermuten, die sich durch eine hohe Wahrscheinlichkeit für die Antwort „schwer zu sagen" auszeichnet. Welche dieser Vermutungen zutreffen, wird im Folgenden durch eine explorative latente Klassenanalyse untersucht.

3.3 Datenvorbereitung

Vor der Durchführung einer latenten Klassenanalyse mit poLCA bedarf es einiger Vorbereitungen der zu analysierenden Daten. Wie in allen statistischen Modellen steht und fällt die Qualität und Aussagekraft der Analyse mit der sorgfältigen Prüfung der Eingangsdaten – anders ausgedrückt: es gilt das GIGO-Prinzip (Garbage In, Garbage Out). Je nach Quelldatensatz und Variablenstruktur kann die Datenvorbereitung unterschiedlich umfangreich ausfallen. Der erste Schritt besteht – wie eben gezeigt – in der Ansicht der deskriptiven Statistiken der Variablen, um einen generellen Überblick über die Verteilungen der Antworten auf die Kategorien zu erhalten.

3.3.1 Prüfung der Objekttypen

Für die weitere Datenvorbereitung wird zunächst geprüft, als welche Objekttypen die Variablen vorliegen. Das poLCA-Paket akzeptiert nur manifeste Variablen, die als ganze Zahlen (in aufsteigender Reihenfolge beginnend mit 1) codiert sind. Das bedeutet, als Objekttyp sind entweder numerische Vektoren oder Faktoren (jedes Faktorlevel wird als eine Zahl gewertet) möglich.

▶ **Objekttypen in R** Wichtige Objekttypen in R sind Vektoren und Faktoren. Bei Vektoren handelt es sich um Mengen von Elementen, die aus Zahlen oder Buchstaben bzw. Zeichen bestehen. Vektoren aus Zahlen werden als „numeric" bezeichnet, Vektoren aus Zeichen (Textvariablen) als „character". Faktoren („factor") bestehen aus mehreren Kategorien, die in R als „levels" heißen, sie entsprechen kategorialen Variablen.

Der Befehl `class` fragt ab, welchem Objekttyp die Variable Q122 zugeordnet ist.

```
class(df_ex$'Q122 Fills useful jobs in the workforce')
[1] "character"
```

Das Ergebnis „character" bedeutet, es handelt sich um eine Textvariable. Es ist davon auszugehen, dass die anderen Analysevariablen ebenfalls als „character"-Objekt vorliegen. Dies ist im Fall unseres Beispiels auf den Import der Variablen aus einer Excel-Datei zurückzuführen, in der die Antwortkategorien als Text vermerkt waren. Die Prüfung des Objekttyps sollte für alle in der Analyse zu verwendenden Variablen erfolgen, vor allem, wenn diese aus unterschiedlichen Itembatterien stammen.

Um für poLCA lesbar zu sein, müssen alle Textvariablen in numerische oder Faktorvariablen umgewandelt werden. Hier wird zugunsten des Objekttyps „Faktor" entschieden, da so die Antwortkategorien wie „agree" oder „disagree" direkt als Faktorlevel verwendet werden können. Zur Transformation wird der mutate-Befehl aus dem dplyr-Paket verwendet.

```
df_ex <- df_ex %>%
  mutate_if(sapply(df_ex, is.character), as.factor)
```

Nun kann mit dem class-Befehl noch einmal überprüft werden, ob sich der Objekttyp verändert hat. Mittels summary werden die einzelnen Kategorien der Variable Q122 betrachtet.

```
class(df_ex$'Q122 Fills useful jobs in the workforce')

[1] "factor"

summary(df_ex$'Q122 Fills useful jobs in the workforce')
     Agree   Disagree Don't know Hard to say   No answer
       764        531         36         195           2
```

Die Variable Q122 hat nun also die Objektklasse „Faktor". Die anderen Variablen (hier nicht gezeigt) sind ebenfalls zu Faktoren umgewandelt worden und sind damit für eine latente Klassenanalyse geeignet.

3.3.2 Fehlende Werte

Im zweiten Schritt der Datenvorbereitung wird geprüft, ob Werte (Kategorien) als fehlend definiert werden sollen. Generell gilt: Es ist eine inhaltliche Entscheidung, ob „nicht-substantielle" Kategorien wie „weiß nicht", „keine Angabe" etc. mit in die Analyse der latenten Klassen aufgenommen werden. Da die Eingangsdaten kategorial skaliert sind, bietet die LCA (anders als z. B. eine Faktorenanalyse) jedoch die Chance, diese Kategorien nicht auszuschließen, sondern ebenfalls zu analysieren.

3.3 Datenvorbereitung

Ist davon auszugehen, dass beispielsweise „weiß nicht" in der betreffenden Frage eine legitime Antwort ist – und keine verdeckte Antwortverweigerung (siehe Barth 2022 sowie Krosnick 1991) –, kann es gewinnbringend sein, diese Kategorie mit zu analysieren. Handelt es sich mehrheitlich um „Ausweichkategorien", die Befragte nicht aus inhaltlichen Erwägungen, sondern aufgrund fehlender Motivation oder aus Überforderung wählen, dann zeigt sich häufig eine eigene Klasse mit hohen Wahrscheinlichkeiten für „nicht-substanzielle" Antworten. Dies kann für die Beurteilung der Datenqualität durchaus von Interesse sein. Steht jedoch eine inhaltlich orientierte Klassifikation im Vordergrund, kann eine kleine Gruppe von nicht-substanziell antwortenden Befragten die Analyse überproportional stark beeinflussen. Nicht zuletzt spielt die Anzahl der fehlenden Werte, bzw. der verbleibenden gültigen Fälle eine Rolle – Kategorien, die von mehr als einer Handvoll der Befragten gewählt wurden, sollten, wenn möglich, in die Analyse mit einbezogen werden sollten.

In unserem Beispiel fällt auf, dass die Kategorien „weiß nicht" und „keine Antwort" relativ selten genannt wurden, die Kategorie „schwer zu sagen" haben hingegen etliche Befragte gewählt (siehe Tab. 3.1), obwohl die Intervieweranweisung lautete, diese Antwortmöglichkeit nicht vorzulesen. Es wird daher entschieden, „schwer zu sagen" als eine substanzielle Aussage zu betrachten und in die Analyse mit aufzunehmen. Die Kategorien „weiß nicht" und „keine Antwort" werden aufgrund der wenigen Ausprägungen und der inhaltlichen Fokussierung der Analyse als fehlende Werte definiert.

```
df_ex <- df_ex %>%
  dplyr::mutate(across(everything(), ~if_else
         (. %in% c("Don't know", "No answer"), NA, .)))
```

Anschließend wird mit dem `summary`-Befehl geprüft, ob die Transformation funktioniert hat (hier aus Platzgründen nur für die erste Variable, natürlich sollte in der Praxis für alle geprüft werden).

```
summary(df_ex$'Q122 Fills useful jobs in the workforce')
   Agree   Disagree  Don't know  Hard to say  No answer  NA's
     764        531           0          195          0    38
```

Es ist zu sehen, dass die Faktorlevels „Don't know" und „hard to say" nun leer sind und es 38 fehlende Werte (NA's) gibt – die Transformation hat funktioniert. Die leeren Faktorkategorien können anschließend noch entfernt werden, dazu wird der Befehl `droplevels` verwendet.

```
df_ex <- droplevels(df_ex)
```

In der latenten Klassenanalyse mit poLCA können Fälle mit fehlenden Werten komplett aus der Analyse ausgeschlossen werden, der EM-Algorithmus erlaubt jedoch auch eine Schätzung inklusive fehlender Werte. Wie Fälle mit fehlenden Werten behandelt werden sollten, ist eine individuelle Entscheidung auf Basis der Datenstruktur und der Fragestellung. Zur Prüfung, wie die fehlenden Werte verteilt sind, wird zunächst gezählt, wie viele fehlende Werte pro Fall/Person vorhanden sind. Dazu wird der Befehl `rowSums` verwendet, der die fehlenden Werte zeilenweise (also pro Fall) in den zu analysierenden Variablen zählt, es wird eine Zählvariable mit dem Namen `na_check` erstellt.

```
na_check <- rowSums(is.na(df_ex))
table(na_check)

na_check
   0    1    2    3    4    7    8
1353  123   27   19    3    1    2
```

Die berechnete Variable `na_check` zeigt, dass der Großteil der Fälle keine fehlenden Werte aufweist, es jedoch auch zwei Fälle gibt, bei denen keine der acht Variablen einen gültigen Wert hat. Wir entscheiden uns dafür, die Fälle, bei denen die Hälfte oder mehr Angaben fehlend sind, aus der Analyse auszuschließen. Dafür wird zunächst die eben konstruierte Variable `na_check` an den Datensatz angefügt, dann werden durch einen Filter-Befehl nur diejenigen Fälle beibehalten, in denen `na_check` einen Wert kleiner vier aufweist.

```
df_ex$na_check <- na_check   # Anfügen an Datensatz
df_ex <- df_ex %>%           # Filtern
  filter(na_check <4)
nrow(df_ex) # Zählen der verbliebenen Fälle im Datensatz

[1] 1522
```

Es sind sechs Fälle aus dem Datensatz herausgefiltert worden, er hat nun noch 1522 gültige Fälle.

3.3.3 Erstellen eines Variablen-Objekts

Das Paket `poLCA` verlangt zum Durchführen der LCA, dass die Namen der zu verwendenden Variablen mit dem Befehl `cbind` verbunden werden.

Für diese Funktion ist es allerdings unpraktisch, dass die Variablen lange Namen wie etwa „Q122 Fills useful jobs in the workforce" haben, da diese komplett abgeschrieben werden müssten. Daher werden die Variablennamen mit der Funktion `substr` abgekürzt, so dass nur noch die ersten vier Buchstaben (also Q122) als Name übrigbleiben. Um die Bedeutung der Variablen nicht zu verlieren, werden die bisherigen Namen als Label gespeichert, so dass sie bei Bedarf abgerufen werden können (in der Ausgabe der latenten Klassenanalyse sind jedoch nur die Nummerierungen aufgeführt). Hierfür wird das Paket `sjlabelled` benötigt. Dieser Schritt kann bei Datensätzen, die kürzere Variablennamen aufweisen, entfallen.

```
collabs <- colnames(df_ex)
#Variablennamen werden als Label gespeichert
colnames(df_ex) <- substr(colnames(df_ex),1,4)
# Abkürzung der Namen
df_ex <- set_label(df_ex, label = collabs)
# Setzen der Labels
```

Essentiell für die Durchführung der LCA in `poLCA` ist die Erstellung des Variablen-Objekts, hier benannt als `lca.var`.

```
lca.var<- cbind(Q122, Q123,Q124,Q125, Q126, Q127, Q128, Q129) ~1
```

3.4 Der poLCA-Befehl

Wenn sichergestellt ist, dass die manifesten Variablen für die latente Klassenanalyse mit der gewünschten Definition fehlender Werte, als passender Objekttyp und adäquat beschriftet vorliegen, kann die eigentliche Analyse durchgeführt werden.

Der Analysebefehl in `poLCA` hat die folgende Eingabeform (Standardeinstellungen):

```
poLCA(formula, data, nclass = 2, maxiter = 1000, graphs = FALSE,
tol = 1e-10, na.rm = TRUE, probs.start = NULL, nrep = 1,
verbose = TRUE, calc.se = TRUE)
```

Im Einzelnen haben diese Befehlelemente folgende Bedeutungen:

formula ist eine Zusammenfassung aller manifesten Variablen in Form des bereits erstellten und hier als lca.var bezeichneten Objekts. In allgemeiner Form: cbind(v1, v2, v3...)~1.

data bezeichnet den Datensatz, der die Variablen der formula enthält, also in unserem Beispiel das als df_ex benannte dataframe-Objekt.

nclass=i steht für die Anzahl der Klassen i, die berechnet werden sollen. Beispielsweise ist für eine Zwei-Klassen-Lösung 2 an der Stelle von i einzutragen.

Diese drei ersten Elemente (Variablen, Datensatz, Anzahl der Klassen) müssen in einer Analyse mit poLCA **immer** angegeben werden.

Die weiteren Aspekte müssen nur dann in den Befehl aufgenommen werden, wenn von den Standardeinstellungen abgewichen werden soll.

Die Standardeinstellung maxiter=1000 bedeutet, dass der EM-Algorithmus maximal 1000 Iterationen durchführt. Diese Standardeinstellung kann bei Konvergenzproblemen modifiziert werden, bei komplexen Modellen empfiehlt sich häufig eine Erhöhung der maximalen Iterationszahl.

Der Befehl graphs=FALSE verhindert eine grafische Darstellung der klassenspezifischen Antwortwahrscheinlichkeiten. Werden mehrere Lösungen hintereinander berechnet, etwa um die Informationskriterien für verschiedene Klassenanzahlen zu vergleichen, ist es nicht sinnvoll, jedes Mal eine grafische Lösung abzurufen. Geht es hingegen um die inhaltliche Interpretation eines Modells mit einer bestimmten Klassenanzahl, dann kann die Option graphs=TRUE eingestellt werden. Die grafische Darstellung der klassenspezifischen Antwortwahrscheinlichkeiten kann auch mit der plot-Funktion in poLCA aufgerufen werden (siehe Abschn. 3.6.2).

Der Befehl tol = 1e-10 bezieht sich ebenfalls auf den EM-Algorithmus: die Schätzung endet, wenn sich die berechnete Log-Likelihood um weniger als 0,0000000001 verändert. Dieses Kriterium kann bei Konvergenzproblemen angepasst werden, indem die Toleranzgrenze etwas weniger strikt gehandhabt, also z. B. auf tol = 1e-8 gestellt wird.

Die Standardeinstellung na.rm=TRUE bedeutet, dass die fehlenden Werte nicht in die Modellierung mit einbezogen werden, sie werden durch „listwise deletion" ausgeschlossen (sobald ein Fall mindestens einen fehlenden Wert aufweist, geht er nicht die Analyse ein). Dies kann durch na.rm=FALSE verändert werden.

probs.start gibt die Möglichkeit, Startwerte für die klassenspezifischen Antwortwahrscheinlichkeiten einzustellen. Die Standardeinstellung NULL führt zu zufälligen Startwerten. Eine manuelle Einstellung von Startwerten kann hilfreich sein, um die Reihenfolge der Klassen zu fixieren (siehe Abschn. 3.6). Die eingetragenen Startwerte werden allerdings nur beim ersten Schätzdurchlauf (nrep=1) verwendet.

nrep=1 bedeutet, dass der EM-Algorithmus nur einen Schätz-Durchlauf macht. Für die Modellauswahl und -prüfung empfiehlt es sich, die Anzahl der Wiederholungen auf mindestens 5, ggf. auch mehr, hochzusetzen, um zu prüfen, ob das erreichte Maximum der Log-Likelihood ein globales und kein lokales ist (siehe Abschn. 2.3).

verbose=TRUE führt dazu, dass eine Reihe von Ergebnissen direkt während der Berechnung angezeigt wird. Für die Berechnung eines einzigen Modells ist die Standardeinstellung hilfreich, wenn mehrere Modelle hintereinander zum Vergleich berechnet werden, kann die Ergebnispräsentation mittels verbose=FALSE abgestellt werden.

calc.se=TRUE bezieht sich auf die Berechnung der Standardfehler. Es gibt kaum Anwendungsfälle, in denen auf die Kalkulation der Standardfehler verzichtet werden sollte.

Hier werden für die Analyse die folgenden Einstellungen verwendet:

poLCA(lca.var, df_ex, nclass=i, maxiter=5000, tol=1e-8, na.rm=FALSE, verbose=FALSE, nrep=5)

Das bedeutet, die Analyse bezieht sich auf das eben erstellte Variablenobjekt lca.var aus den acht Items zu Migrationseinstellungen aus dem Datensatz df_ex. Im nclass-Befehl steht i als Platzhalter für die Klassenanzahl, zur Bestimmung der besten Lösung werden mehrere Lösungen mit verschiedener Klassenanzahl getestet. Um die Konvergenz zu gewährleisten, werden die Toleranzschwelle etwas herunter- und die Iterationszahl hochgesetzt. Da wir vor der Analyse bereits fehlende Werte geprüft und die Fälle mit vielen fehlenden Werten ausgeschlossen haben, werden die restlichen Fälle mit einer, zwei oder drei fehlenden Antworten in die Analyse eingeschlossen und daher na.rm=FALSE gewählt. Jedes Modell wird mit 5 verschiedenen Startwerten (nrep=5) berechnet, um das globale Maximum besser auffindbar zu machen.

3.5 Bestimmung der Klassenanzahl

Um zu prüfen, wie viele Klassen in der Lösung verwendet werden sollten, wird das Modell mit mehreren unterschiedlichen Klassenzahlen nclass gerechnet. Anhand der Informationsmaße und weiterer Kriterien – z. B. Konvergenz – können die Klassenlösungen anschließend verglichen werden und eine Entscheidung für ein bestimmtes Modell erfolgen.

Da die Startwerte für die Modellberechnung per Zufallsgenerator erzeugt werden, ist auch die Reihenfolge der Klassen im Ergebnis zufällig und kann sich bei verschiedenen Durchläufen des gleichen Modells immer wieder ändern. Um die Resultate reproduzierbar zu machen, wird vor der Durchführung der latenten Klassenanalyse der Befehl `set.seed` gegeben. Dieser bewirkt, dass der Zufallsgenerator für die Startwerte an einer bestimmten Stelle gestartet wird, die Ergebnisse sollten daher bei mehrmaliger Durchführung der Analyse gleichbleiben (eine Änderung der Klassenreihenfolge ist allerdings trotzdem nicht ausgeschlossen).

3.5.1 Vergleich der Informationsmaße in Tabellenform

Um den Modellvergleich zu vereinfachen, wird eine Schleife programmiert, die automatisch Lösungen mit 1 bis 10 Klassen berechnet und deren Kennwerte in das Listenobjekt `lc` (mit unterschiedlichen Unter-Listen pro Modell) schreibt. Dies ermöglicht einen einfachen Vergleich der Informationsmaße in Tabellenform. Hier wird die Option `verbose=FALSE` eingestellt und damit die Ausgabe der Werte für alle 10 Lösungen hintereinander verhindert. Die Befehle zum „händischen" Berechnen verschiedener Modelle ohne Schleifen und Liste sind in Abschn. 3.5.4 aufgeführt.

```
set.seed(100221)

lc <- list() # leeres Listen-Objekt erstellen

for(i in 1:10){
  lc[[i]] <- poLCA(lca.var, df_ex, nclass=i, maxiter=5000,
          tol=1e-8, na.rm=FALSE,
          nrep=5, verbose=FALSE, calc.se=TRUE)
}
```

Im nächsten Schritt wird eine Tabelle mit Maßen der absoluten und relativen Modellgüte erstellt. Dazu werden die Werte für Modelle mit 1 bis 10 Klassen mithilfe einer Schleife aus dem Listen-Objekt `lc` ausgelesen. Abgebildet werden Log-Likelihood-Wert (LL), die Anzahl der geschätzten Parameter (npar), BIC, AIC, G^2 und die Freiheitsgrade des Modells. Zusätzlich zu diesen, von poLCA direkt ausgegebenen Werten, werden die Signifikanz von G^2 (p_gsq) sowie die Entropie

3.5 Bestimmung der Klassenanzahl

berechnet. Es existieren verschiedene Entropiemaße, wobei das im poLCA-Paket standardmäßig integrierte Maß H (poLCA.entropy) nicht auf einen Wert zwischen 0 und 1 skaliert und daher für sich genommen schwierig zu interpretieren ist. Empfehlenswert ist daher die Berechnung des sogenannten Entropy.R2, das den Unterschied zwischen einer zufälligen Zuordnung der Fälle zu Klassen (lediglich anhand der Klassengröße) im Gegensatz zum Einbezug der Antwortmuster in die Klassifikation ausdrückt (Vermunt und Magidson 2013, 71). Hier wird eine von Daniel Oberski bereitgestellte Formel verwendet (Oberski 2019). Zur Berechnung der Entropie muss zunächst eine Funktion definiert werden:

```
machine_tolerance <- sqrt(.Machine$double.eps)
  entropy <- function(p) {
    p <- p[p > machine_tolerance]
    sum(-p * log(p))
}
```

Nun kann die Tabelle als Objekt table_LCA erstellt werden. Es wird zunächst ein leerer data.frame mit den entsprechend beschrifteten Spalten definiert. Dann geht die Schleife (for-loop) alle Modelle mit den Klassenzahlen von 1 bis 10 durch und schreibt die jeweiligen Werte in die entsprechende Spalte. Für die Entropie wird eine lediglich auf der Klassengröße basierte, zufällige Zuordnung der Fälle zu Klassen („error_prior") ins Verhältnis zur anhand der Antwortmuster informierten Klassifikation („error_post") gesetzt.

```
table_LCA <- data.frame(Modell=0, LL=0, npar=0, BIC=0, AIC=0,
                Gsq= 0, df=0, p_gsq=0, e.R2=0)
for(i in 1:length(lc)){
  table_LCA [i,2] <- round(lc[[i]]$llik,0)
  table_LCA [i,3] <- lc[[i]]$npar
  table_LCA [i,4] <- round(lc[[i]]$bic,0)
  table_LCA [i,5] <- round(lc[[i]]$aic,0)
  table_LCA [i,6] <- round(lc[[i]]$Gsq,0)
  table_LCA [i,7] <- lc[[i]]$resid.df
  table_LCA [i,8] <- round(pchisq(lc[[i]]$Gsq,
                      df=lc[[i]]$resid.df,
                      lower.tail = FALSE),3)
  error_prior <- entropy(lc[[i]]$P)
  error_post <- mean(apply(lc[[i]]$posterior, 1, entropy))
  table_LCA[i,9] <- round(((error_prior - error_post) /
```

```
                                error_prior),2)

if (i==1) {
   table_LCA [i,1] <- paste("Klasse")
}
if(i>1) {
   table_LCA [i,1] <- paste("Klassen")
}
}
```

3.5.2 Interpretation der Informationsmaße

Nun kann die Tabelle mittels `print(table_LCA)` aufgerufen werden (Tab. 3.2). Der LL-Wert bildet, wie in Abschn. 2.5 erläutert, die Basis für die Berechnung der Informationsmaße und ist daher mit aufgeführt. Für sich allein ist er jedoch kein Kriterium für die Wahl einer bestimmten Lösung, da er mit steigender Klassenanzahl immer größer wird: die Anpassung des Modells an die tatsächlichen Daten verbessert sich – wenig überraschend – mit jeder zusätzlichen Klasse.

Der Wert npar gibt die Anzahl der Modell-Parameter an, die ebenfalls in die Berechnung der Informationskriterien einfließen. Da in der Analyse acht manifeste Items mit jeweils drei Kategorien verwendet werden, werden in jeder Klasse $2 \cdot 8 = 16$ klassenspezifische Antwortwahrscheinlichkeiten berechnet. Die Anzahl der Parameter erhöht sich dementsprechend mit jeder hinzugenommenen Klasse

Tab. 3.2 Vergleich der Modellparameter für Lösungen mit 1–10 Klassen. (Quelle: eigene Darstellung)

	Modell	LL	npar	BIC	AIC	Gsq	df	p_gsq	e.R2
1	Klasse	-8688	16	17492	17407	2872	1506	0,00	NaN
2	Klassen	-8141	33	16524	16348	1863	1489	0,00	0,68
3	Klassen	-7904	50	16174	15907	1433	1472	0,76	0,69
4	Klassen	-7822	67	16136	15779	1271	1455	1,00	0,65
5	Klassen	-7787	84	16190	15742	1209	1438	1,00	0,65
6	Klassen	-7760	101	16261	15723	1159	1421	1,00	0,66
7	Klassen	-7744	118	16352	15723	1126	1404	1,00	0,66
8	Klassen	-7727	135	16443	15724	1084	1387	1,00	0,65
9	Klassen	-7709	152	16533	15723	1053	1370	1,00	0,66
10	Klassen	-7689	169	16617	15717	1020	1353	1,00	0,67

3.5 Bestimmung der Klassenanzahl

um 17 (16 Antwortwahrscheinlichkeiten und ein Parameter für die Klassengröße). Im Modell mit einer Klasse werden 16 Parameter berechnet, im Modell mit zwei Klassen 33, dann 50 usw.

Die wichtigste Rolle bei der Entscheidung über die Anzahl der Klassen spielen Maße der relativen Modellgüte, allen voran Informationskriterien (hier BIC und AIC; siehe Abschn. 2.5.1). Tab. 2.5 zeigt, dass der BIC sein Minimum 16136 bei vier Klassen, der AIC das Minimum 15717 hingegen bei zehn Klassen erreicht – möglicherweise würde der AIC bei einer noch höheren Klassenanzahl auch noch weiter sinken. Allerdings ist ersichtlich, dass die Veränderungen des AIC-Werts ab sechs Klassen sehr gering sind (siehe dazu auch den Scree-Plot der Informationsmaße, Abschn. 3.5.3).

Gsq (G^2) und die entsprechenden Freiheitsgrade (df)[1] beziehen sich auf die absolute Modellgüte. Ab der drei-Klassen-Lösung ist der Chi-Quadrat-Test für G^2 nicht mehr signifikant (p_gsq = 0,76). Dies bedeutet, dass die Anpassung des Modells an die empirischen Daten mit drei Klassen und mehr akzeptabel ist. Im standardmäßigen Output von poLCA ist allerdings kein p-Wert für G^2 enthalten, da bei komplexen Modellen nicht gesichert ist, dass die Annahme einer Chi-Quadrat-Verteilung zutrifft (siehe Abschn. 2.5.1). Der Signifikanztest p_gsq sollte daher mit Vorsicht interpretiert werden. Bezüglich der Entropiewerte weisen die Modelle keine großen Unterschiede auf; mit Werten zwischen 0,65 und 0,69 ist die Klassenseparation in allen Modellen einigermaßen akzeptabel, aber nicht herausragend gut. Der marginal beste Wert wird bei der Drei-Klassen-Lösung erreicht.

3.5.3 Scree-Plot der Informationsmaße

Zur Erleichterung der Interpretation können die Informationsmaße AIC und BIC auch in Form eines Scree-Plots dargestellt werden, dafür wird das R-Paket ggplot2 verwendet. Dafür werden im ersten Schritt die Werte für AIC und BIC aus den Spalten 4 und 5 des zuvor erstellten Objekts table_LCA ausgelesen und in einem eigenen Objekt (hier als df_ic benannt) gespeichert. Dieses wird noch um eine Spalte mit laufenden Nummern ergänzt, um im Plot die Klassenan-

---

[1] Die Anzahl der Freiheitsgrade kann sich auf die Anzahl der Fälle (hier: 1522) oder die Anzahl der möglichen Antwortmuster (hier: $3^8 = 6561$) beziehen; poLCA verwendet als degrees of freedom standardmäßig das Minimum (Antwortmuster bzw. Zellen in einer Kreuztabelle der Daten, N). Da es im vorliegenden Beispiel weniger Fälle als mögliche Antwortmuster gibt, berechnet sich die Anzahl der Freiheitsgrade aus der Fallzahl N minus die Anzahl der geschätzten Parameter (npar), für die Zwei-Klassen-Lösung beispielsweise $1522 - 33 = 1489$.

zahl auf der *x*-Achse zu definieren. Dann erfolgt die Konstruktion der Abbildung mit mehreren Unterbefehlen.

```
df_ic <- table_LCA[,4:5]   # AIC und BIC-Werte in eigenes Objekt
df_ic$n <- 1:nrow(df_ic)   # eigene Spalte mit laufenden Nummern
ggplot(data = df_ic) +
geom_line(mapping = aes(y = BIC, x = n, linetype = "BIC"),
          show.legend = TRUE) +
geom_line(mapping = aes(y = AIC, x = n, linetype = "AIC"),
          show.legend = TRUE) +
scale_linetype_manual(values = c('BIC' = 'solid',
          'AIC' = 'dashed'), name = "ICs") +
ggtitle("Abbildung 3: Scree-Plot Informationskriterien") +
xlab("Anzahl Klassen") +
ylab("Informationskriterien") +
scale_x_continuous(breaks = seq(1, 10, by=1)) +
theme_tufte()
```

Im Scree-Plot (Abb. 3.1) lassen sich sowohl für den AIC als auch für den BIC Knicks bei drei und vier Klassen erkennen. Während der BIC (schwarze Linie) bis zum Wert von drei Klassen stark abfällt, ist der Abstand zwischen drei und vier Klassen gering. Bei vier Klassen erreicht der BIC sein Minimum (wie auch aus Tab. 3.2 erkennbar) und steigt anschließend wieder an. Der AIC fällt ebenfalls bis zur Drei-Klassen-Lösung stark ab, weniger steil ist die Reduktion zwischen drei und vier Klassen. Ab der Vier-Klassen-Lösung verbessern (verkleinern) sich die AIC-Werte nur noch geringfügig.

Abb. 3.1 Scree-Plot Informationskriterien. (Quelle: eigene Darstellung)

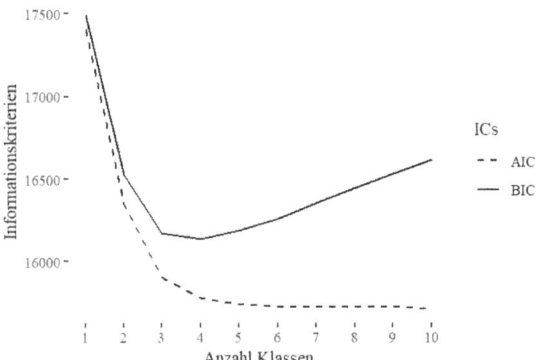

3.5 Bestimmung der Klassenanzahl

Insgesamt spricht die Betrachtung der Maße der Modellgüte dafür, die Modelle mit drei und vier Klassen in die engere Auswahl zu nehmen. Für drei Klassen spricht, dass es sich um die „sparsamste" akzeptable Lösung handelt, während die Informationskriterien bei der Vier-Klassen-Lösung noch etwas besser sind.

3.5.4 Test der genesteten Modelle

In einem weiteren Test-Schritt können nun das Drei- und das Vier-Klassen-Modell gegeneinander getestet werden. Dazu dienen Likelihood-basierte Differenztests, die angeben, ob das Hinzufügen einer Klasse zu einer signifikanten Modellverbesserung führt. Hat der Test ein signifikantes Ergebnis, sollte das Modell mit der höheren Klassenanzahl gewählt werden (siehe Abschn. 2.5.2). Hier wird die Vorgehensweise beispielhaft für den Vuong-Lo-Mendell-Rubin-Test demonstriert (Lo et al. 2001). Der VLMR-Test (oft auch nur als LMR-Test bezeichnet) ist nicht in `poLCA` implementiert, kann aber mit dem `tidyLPA`-Paket durchgeführt werden.

Der R-Befehl hat die Form `calc_lrt(n, null_ll, null_param, null_classes, alt_ll, alt_param, alt_classes)`, wobei das Modell mit weniger Klassen ($k-1$) das Nullmodell, das mit einer Klasse mehr (k) das Alternativmodell repräsentiert. Das Modell mit drei Klassen wird als Nullmodell, das Vier-Klassen-Modell als Alternativmodell definiert.

```
mod_null <- lc[[3]]
mod_alt <- lc[[4]]
```

Zur Sicherheit sollte einmal überprüft werden, ob die Anzahl der Fälle in beiden Modellen gleich ist – das ist Voraussetzung für die Anwendung des Tests.

```
mod_null$N
```

[1] 1353

```
mod_alt$N
```

[1] 1353

Zur besseren Reproduzierbarkeit werden nun für jeden Parameter Objekte erstellt, man könnte jedoch auch „händisch" die Zahlen aus den LCA-Objekten in die Formel `calc_lrt` eintragen. Der Test benötigt als Informationen die Fallzahl n, sowie jeweils für Nullmodell und Alternativmodell den LL-Wert, die Anzahl der Parameter und die Anzahl der Klassen.

```
n <- mod_null$N
null_ll <- mod_null$llik
null_param <- mod_null$npar
null_classes <- length(mod_null$P)
alt_ll <- mod_alt$llik
alt_param <- mod_alt$npar
alt_classes <- length(mod_alt$P)
tidyLPA::calc_lrt(n, null_ll, null_param, null_classes,
                  alt_ll, alt_param, alt_classes)
```

```
Lo-Mendell-Rubin ad-hoc adjusted likelihood ratio rest:
LR = 162.615, LMR LR (df = 17) = 155.429, p < 0.001
```

Der VLMR-Test ist signifikant, das bedeutet, dass das Vier-Klassen-Modell (k) eine signifikant bessere Anpassung an die Daten zeigt als das Drei-Klassen-Modell ($k - 1$). Allerdings ergibt eine weitere Überprüfung (hier nicht abgebildet), dass auch zwischen vier und fünf, fünf und sechs usw. Klassen das Hinzufügen jeweils einer weiteren Klasse als signifikante Verbesserung gewertet wird. Der Test spricht somit zwar eher für vier als für drei Klassen, seine Aussagekraft sollte aber nicht überbewertet werden. Nylund et al. (2007) zeigen anhand einer Simulationsstudie, dass der VLMR-Test die tatsächliche Klassenanzahl häufig überschätzt. Ist der Test nicht signifikant, kann man mit einiger Sicherheit davon ausgehen, dass $k - 1$ Klassen genug sind – im Umkehrschluss bedeutet ein signifikanter Test jedoch nicht unbedingt, dass die Lösung mit einer Klasse mehr (k) die Daten wirklich besser abbildet.

Eine Alternative zum VLMR-Test ist der *bootstrapped likelihood ratio test* (BLRT). Er kann mithilfe des Pakets `glca` durchgeführt werden. Etwas nachteilig ist hierbei, dass die latenten Klassenmodelle zwar inhaltlich identisch zu den von `poLCA` geschätzten sind, um den Test durchführen zu können, müssen sie jedoch (erneut) als `glca`-Objekte berechnet werden. Die `formula` unterscheidet sich nur geringfügig zwischen `poLCA` und `glca`. Es werden zunächst Modelle mit 3, 4 und 5 Klassen erstellt (da die inhaltlichen Ergebnisse denen von `poLCA` identisch sind, wird die Option `verbose=FALSE` eingestellt) und diese dann mithilfe der Funktion `gofglca` verglichen.

3.5 Bestimmung der Klassenanzahl

```
library(glca)
glca.var <- item(Q122, Q123, Q124, Q125, Q126, Q127, Q128,
           Q129) ~ 1
glca.3 = glca(glca.var, data=df_ex, nclass=3, verbose = FALSE)
glca.4 = glca(glca.var, data= df_ex, nclass=4, verbose=FALSE)
gofglca(glca.3, glca.4, test="boot")

Model 1: item(Q122, Q123, Q124, Q125, Q126, Q127, Q128, Q129) ~ 1
    nclass: 3
Model 2: item(Q122, Q123, Q124, Q125, Q126, Q127, Q128, Q129) ~ 1
    nclass: 4
Goodness of Fit Table :
    logLik      AIC       CAIC      BIC      en-   Res.Df     Gsq   Boot
                                             tropy                  p-v.
1 -7903.72  15907.43  16223.82  16173.82   0.72    1471   1475.00    0
2 -7822.41  15778.82  16202.78  16135.78   0.67    1454   1312.38    0
Analysis of Deviance Table :
  npar    logLik Df Deviance Boot p-value
1   50  -7903.72
2   67  -7822.41 17   162.62             0
```

Der „Goodness of Fit Table" repliziert die Gütekriterien für Modelle mit 3 und 4 Klassen analog zu Tab. 3.2.[2] Im „Analysis of Deviance Table" werden die Modelle mit 3 und 4 Klassen gegeneinander getestet. Die LL-Abweichung ist, wie bereits beim VLMR-Test ersichtlich, 162,62, was auch beim BLRT eine signifikante Verbesserung der Modellanpassung beim Hinzufügen einer Klasse impliziert. Ebenso wie beim VLMR-Test sind jedoch auch Modellerweiterungen um mehr Klassen signifikant (hier nicht gezeigt), was nicht dafürspricht, sich bei der Modellauswahl alleine auf einen der Tests zu verlassen.

Im vorliegenden Fall wäre aufgrund der Informationskriterien angeraten, die Modelle mit drei und vier Klassen nun inhaltlich zu betrachten und auf dieser Basis eine endgültige Entscheidung zu treffen. Da das Modell mit drei Klassen das am wenigsten komplexe Modell ist, das eine adäquate Anpassung an die Daten zeigt, wird dieses im Folgenden beispielhaft interpretiert.

---

[2] Die Berechnung der Entropie ist nicht ganz identisch und führt daher zu etwas abweichenden Ergebnissen; ebenso ist das „boot *p*-value" nicht mit dem oben verwendeten *p*-Wert ohne bootstrapping gleichzusetzen.

3.5.5 Einschub: Modellvergleich ohne Schleife

Erscheint die Vorgehensweise des Modellvergleichs mittels eines eigens programmierten Tabellenobjekts zu komplex, können alternativ auch alle in Frage kommenden Modelle einzeln mit der Option verbose=TRUE ausgegeben werden. Beispielhaft sähe die Syntax für zwei und drei Klassen wie folgt aus:

```
lca.2 <- poLCA(lca.var, df_ex, nclass=2, na.rm=FALSE,
               maxiter=5000, tol=1e-8, nrep=5, verbose=TRUE)
lca.3 <- poLCA(lca.var, df_ex, nclass=3, na.rm=FALSE,
               maxiter=5000, tol=1e-8, nrep=5, verbose=TRUE)
```

Zur Berechnung von Entropy.R^2 und der Signifikanz von G^2 für einzelne Modelle dient die folgende Syntax. Als fit wird jeweils das interessierende Modellobjekt (mit zwei, drei, vier Klassen ...) eingesetzt, die Objekte R2_entropy und p_gsq liefern die modellbezogenen Werte.

```
# Berechnung Entropie:
fit <- lca.3
machine_tolerance <- sqrt(.Machine$double.eps)
entropy.R2 <- function(fit) {
  entropy <- function(p) {
    p <- p[p > machine_tolerance]
    sum(-p * log(p))
  }
}
  error_prior <- entropy(fit$P)
  error_post <- mean(apply(fit$posterior, 1, entropy))
  R2_entropy <- (error_prior - error_post) / error_prior
R2_entropy
p_gsq <- round(pchisq(fit$Gsq, df=fit$resid.df,
                lower.tail = FALSE),3)
p_gsq
```

3.6 Interpretation der R-Ausgabe von poLCA

Ist die (zumindest vorläufige) Entscheidung für eine bestimmte Klassenanzahl gefallen, ist der nächste Schritt eine inhaltliche Interpretation der Ergebnisse. Dazu wird nun die R-Ausgabe aus `poLCA` für das Drei-Klassen-Modell einmal von oben nach unten erläutert.

Die Ergebnisse für das Drei-Klassen-Modell können der vorher erstellten Liste `lc` mit dem Befehl `lc[[3]]` entnommen werden. Alternativ kann das Modell auch neu berechnet und als eigenes Objekt gespeichert werden. Achtung: durch den wiederholten Schätzprozess wird zwar numerisch das gleiche Ergebnis erzielt, die Reihenfolge der Klassen kann sich jedoch verändern. Zur Sicherheit wird hier der Befehl `poLCA.reorder` verwendet, der die Ordnung der Klassen absteigend nach Größe festlegt. Die geordneten Startwerte (`probs.start.new`) werden im zweiten Schritt zur Neuschätzung des Drei-Klassen-Modells verwendet.

```
probs.start.new <- poLCA.reorder(lc[[3]]$probs.start,
                order(lc[[3]]$P,decreasing=TRUE))
lca.3 <- poLCA(lca.var, df_ex, nclass=3, na.rm=FALSE,
                probs.start = probs.start.new)
```

```
Conditional item response (column) probabilities,
 by outcome variable, for each class (row)

$Q122
          Pr(1)  Pr(2)  Pr(3)
class 1:  0.3525 0.5708 0.0767
class 2:  0.7660 0.1638 0.0702
class 3:  0.4138 0.1329 0.4533

$Q123
          Pr(1)  Pr(2)  Pr(3)
class 1:  0.5455 0.4080 0.0465
class 2:  0.9664 0.0213 0.0123
class 3:  0.5620 0.0930 0.3450

$Q124
          Pr(1)  Pr(2)  Pr(3)
class 1:  0.9322 0.0460 0.0218
class 2:  0.2800 0.6023 0.1178
class 3:  0.4385 0.0912 0.4703
```

```
$Q125
            Pr(1)   Pr(2)   Pr(3)
class 1:   0.8653  0.0578  0.0769
class 2:   0.9622  0.0295  0.0083
class 3:   0.7751  0.0368  0.1881

$Q126
            Pr(1)   Pr(2)   Pr(3)
class 1:   0.9375  0.0535  0.0090
class 2:   0.3312  0.5781  0.0906
class 3:   0.5418  0.1171  0.3411

$Q127
            Pr(1)   Pr(2)   Pr(3)
class 1:   0.9186  0.0689  0.0125
class 2:   0.9365  0.0479  0.0156
class 3:   0.7928  0.0372  0.1700

$Q128
            Pr(1)   Pr(2)   Pr(3)
class 1:   0.6021  0.3333  0.0646
class 2:   0.1342  0.8332  0.0326
class 3:   0.1809  0.3209  0.4983

$Q129
            Pr(1)   Pr(2)   Pr(3)
class 1:   0.9806  0.0161  0.0033
class 2:   0.7050  0.2276  0.0674
class 3:   0.6739  0.0508  0.2754

Estimated class population shares
 0.4837 0.3638 0.1525

Predicted class memberships (by modal posterior prob.)
 0.5164 0.3495 0.134

=========================================================
Fit for 3 latent classes:
=========================================================
```

3.6 Interpretation der R-Ausgabe von poLCA

```
number of observations: 1522
number of fully observed cases: 1353
number of estimated parameters: 50
residual degrees of freedom: 1472
maximum log-likelihood: -7903.715

AIC(3): 15907.43
BIC(3): 16173.82
G^2(3): 1433.279 (Likelihood ratio/deviance statistic)
X^2(3): 49645.08 (Chi-square goodness of fit)
```

3.6.1 Klassenspezifische Antwortwahrscheinlichkeiten

In der Ausgabe steht ganz oben das Herzstück der inhaltlichen Interpretation: die klassenspezifischen Antwortwahrscheinlichkeiten („conditional item response probabilities"). Die Darstellung erfolgt in Form einer Kreuztabelle für jede Frage, bei der die Wahrscheinlichkeiten der drei Kategorien Agree, Disagree und Hard to say (im obenstehenden Output Pr(1), Pr(2) und Pr(3)) die Spalten und die drei Klassen die Zeilen bilden. Beispielsweise ist für das erste Item Q122 („immigration in your country: fills useful jobs in the workforce") zu sehen: In Klasse 1 liegt die Wahrscheinlichkeit der Zustimmung (Pr(1)) bei 35 %, die der Ablehnung (Pr(2)) bei 57 %. Diese Klasse weist damit die höchste Ablehnungswahrscheinlichkeit unter den drei Klassen auf. In Klasse 2 ist die Wahrscheinlichkeit, der Aussage, dass Immigration nützliche Stellen in der Arbeitswelt füllt, zuzustimmen, mit 77 % vergleichsweise hoch, der geschätzte Anteil an „disagree" liegt hier nur bei 16 %. In Klasse 3 herrscht mit 41 % eine ähnliche Zustimmungswahrscheinlichkeit wie in Klasse 1, was auffällt ist die hohe Wahrscheinlichkeit für die Kategorie „schwer zu sagen" (45 %).

Diese vergleichende Interpretation ist nun für alle Items durchzuführen, um inhaltliche Muster erkennen zu können. Während bei der R-Ausgabe von poLCA nur die Variablennamen angezeigt werden, wurde zur einfacheren Interpretation ein Objekt erstellt, das auch die Labels der jeweiligen Items und die der Kategorien zeigt. Dieser Schritt dient nur der übersichtlicheren Darstellung, inhaltlich ergibt sich keine Veränderung.

```
library(sjlabelled)
obj <- names(df_ex[,-c(9:11)])
col_names <- c("agree", "disagree", "hard to say")

matrices <- list()
for (mat_name in obj) {
  mat <- lca.3$probs[[mat_name]]
  colnames(mat) <- col_names
  matrices[[mat_name]]<- mat
}

var_labs <- get_label(df_ex[,-c(9:11)])
new_names <- unname(var_labs)
names(matrices) <- new_names
matrices <- lapply(matrices,round,2)
print(matrices)
```

$`Q122 Fills useful jobs in the workforce`
```
         agree  disagree  hard to say
class 1:  0.35    0.57        0.08
class 2:  0.77    0.16        0.07
class 3:  0.41    0.13        0.45
```

$`Q123 Strengthens cultural diversity`
```
         agree  disagree  hard to say
class 1:  0.55    0.41        0.05
class 2:  0.97    0.02        0.01
class 3:  0.56    0.09        0.35
```

$`Q124 Increases the crime rate`
```
         agree  disagree  hard to say
class 1:  0.93    0.05        0.02
class 2:  0.28    0.60        0.12
class 3:  0.44    0.09        0.47
```

$`Q125 Gives asylum to political refugees`
```
         agree  disagree  hard to say
class 1:  0.87    0.06        0.08
class 2:  0.96    0.03        0.01
```

3.6 Interpretation der R-Ausgabe von poLCA

```
class 3:    0.78        0.04        0.19

$`Q126 Increases the risks of terrorism`
            agree   disagree    hard to say
class 1:    0.94        0.05        0.01
class 2:    0.33        0.58        0.09
class 3:    0.54        0.12        0.34

$`Q127 Helps poor people establish new lives`
            agree   disagree    hard to say
class 1:    0.92        0.07        0.01
class 2:    0.94        0.05        0.02
class 3:    0.79        0.04        0.17

$`Q128 Increases unemployment`
            agree   disagree    hard to say
class 1:    0.60        0.33        0.06
class 2:    0.13        0.83        0.03
class 3:    0.18        0.32        0.50

$`Q129 Leads to social conflict`
            agree   disagree    hard to say
class 1:    0.98        0.02        0.00
class 2:    0.70        0.23        0.07
class 3:    0.67        0.05        0.28
```

Werden die Klassen vergleichend betrachtet, fällt auf, dass Klasse 1 – relativ zu den beiden anderen Klassen – hohe Ablehnungswerte bei Items, die positive Aspekte der Immigration behandeln, und hohe Zustimmungswerte bei immigrationskritischen Items aufweist. So liegt beispielsweise die Wahrscheinlichkeit, die Aussage „Immigration stärkt kulturelle Diversität" abzulehnen, bei 41%, während 93% bzw. 94% den Aussagen, dass Immigration die Kriminalitätsrate bzw. das Terrorismusrisiko erhöht, zustimmen. Auch den Aussagen, dass Immigration die Arbeitslosigkeit erhöht und zu sozialen Konflikten führt, wird mit relativ hoher Wahrscheinlichkeit (59 und 98%) zugestimmt. Insofern kann die Klasse 1 als „migrationskritisch" bezeichnet werden.

In Klasse 2 wird Immigration mehrheitlich positiv gesehen: die Zustimmung zu der Aussage „Immigration stärkt kulturelle Diversität" liegt bei 97%, während 83% ablehnend auf das Statement, dass Immigration die Arbeitslosigkeit erhöht, reagieren. Auch die Ablehnung der Aussagen „erhöht die Kriminalitätsrate" und „erhöht das Risiko für Terrorismus" ist mit 60 % bzw. 58 % vergleichsweise hoch. Allerdings wird auch in dieser Klasse das Risiko sozialer Konflikte durch Immigration mit 70 % relativ hoch eingeschätzt. Insgesamt lässt sich Klasse 2 dennoch als „positive Einstellung zu Migration" charakterisieren. Bezüglich Klasse 3 fällt auf, dass im Vergleich zu den anderen Klassen die Wahrscheinlichkeit, „schwer zu sagen" anzugeben, sehr hoch ist, bei der Aussage „erhöht die Arbeitslosigkeit" liegt diese sogar bei 50 %. Damit scheint das hervorstechendste Merkmal dieser Klasse ihre Unentschiedenheit zu sein.

Bei der Betrachtung wird insgesamt deutlich, dass die meisten Items relativ stark zwischen den Klassen differenzieren, also unterschiedliche klassenspezifische Antwortwahrscheinlichkeiten aufweisen. Bei den Items Q125 und Q127 hingegen (bei denen auch in der univariaten Betrachtung hohe Zustimmungswerte zu sehen waren), ist die Zustimmung in allen Klassen hoch – lediglich Klasse 3 weist auch hier relativ hohe Werte für „schwer zu sagen" auf. Zur Modellverfeinerung wäre es möglich, Items mit wenig Differenzierungskraft auszuschließen und die LCA erneut zu berechnen. Allerdings sollten dann auch die Informationskriterien für die Anzahl der Klassen erneut geprüft werden. Hier wird zunächst weiter das ursprüngliche Modell mit allen Items betrachtet.

3.6.2 Visualisierung der klassenspezifischen Antwortwahrscheinlichkeiten

Zur Erleichterung der inhaltlichen Interpretation können die klassenspezifischen Antwortwahrscheinlichkeiten auch als Plot dargestellt werden. poLCA bietet hier die Basisfunktion plot(lca-Objekt), die jedoch bereits bei einer moderaten Anzahl an Items/Kategorien recht unübersichtlich wird (Abb. 3.2).

```
plot(lca.3)
```

Eine andere Möglichkeit der Visualisierung besteht in selbst erstellten Plots. Bei binären Antwortkategorien kann ein einfacher Linienplot (siehe als Beispiel Oberski 2016, Abb. 5 oder Nylund-Gibson und Choi 2018, Abb. 3) die Unterschiede in den Antwortwahrscheinlichkeiten zwischen den verschiedenen Klassen darstellen. Im vorliegenden Fall mit drei Antwortkategorien ist ein Balkendiagramm eine gute Visualisierungsmöglichkeit. Die hier kreierte Abb. 3.3 ist angelehnt an einen Grafik-Vorschlag aus Zhang et al. (2018). Zur Erstellung wird zuerst die Liste der klassenspezifischen Antwortwahrscheinlichkeiten aus dem LCA-Objekt mithilfe

3.6 Interpretation der R-Ausgabe von poLCA

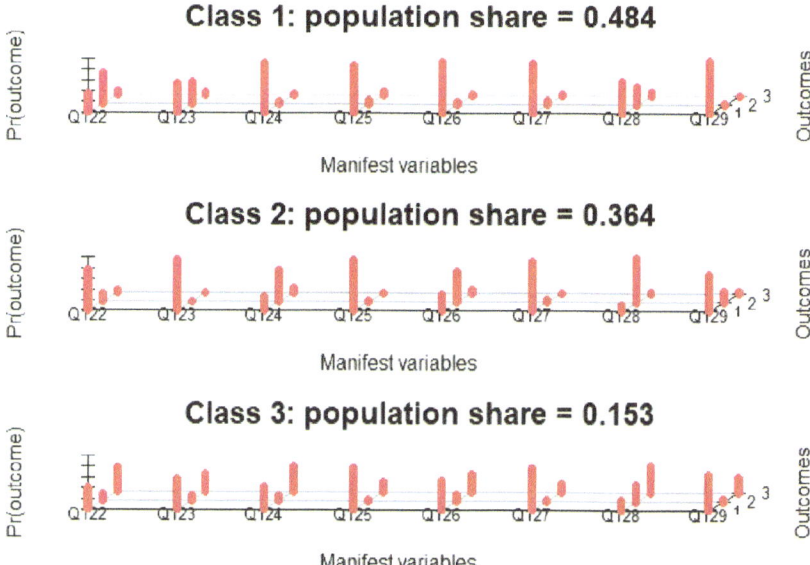

Abb. 3.2 Plot der 3-Klassen-Lösung aus poLCA. (Quelle: poLCA, eigene Darstellung)

des `melt`-Befehls aus dem Paket `reshape2` in einen Datensatz umgewandelt. Anschließend werden die Antwortkategorien und Klassen benannt, um die Übersichtlichkeit zu erhöhen. Dem folgen mehrere Befehle, um die Grafik mittels `ggplot2` zu erstellen und anzupassen.

```
library(ggplot2)
library(wesanderson) # Farbpalette
lcmodel <- reshape2::melt(lca.3$probs)
levels(lcmodel$Var2) <- c("agree", "disagree","hard to say")
levels(lcmodel$Var1) <- c("kritisch", "positiv","unentschieden")
ggplot(lcmodel,aes(x = L1, y = value, fill = Var2)) +
geom_bar(stat = "identity", position = "stack") +
facet_grid(Var1 ~ .) +
scale_fill_manual(values=wes_palette(name="Royal1")) +
labs(x="Items zu Migration",
    y="klassenspezifische Antwortwahrscheinlichkeiten",
    title="Abbildung 5: Balkendiagramm, 3-Klassen-Lösung",
    fill="Kategorien")
```

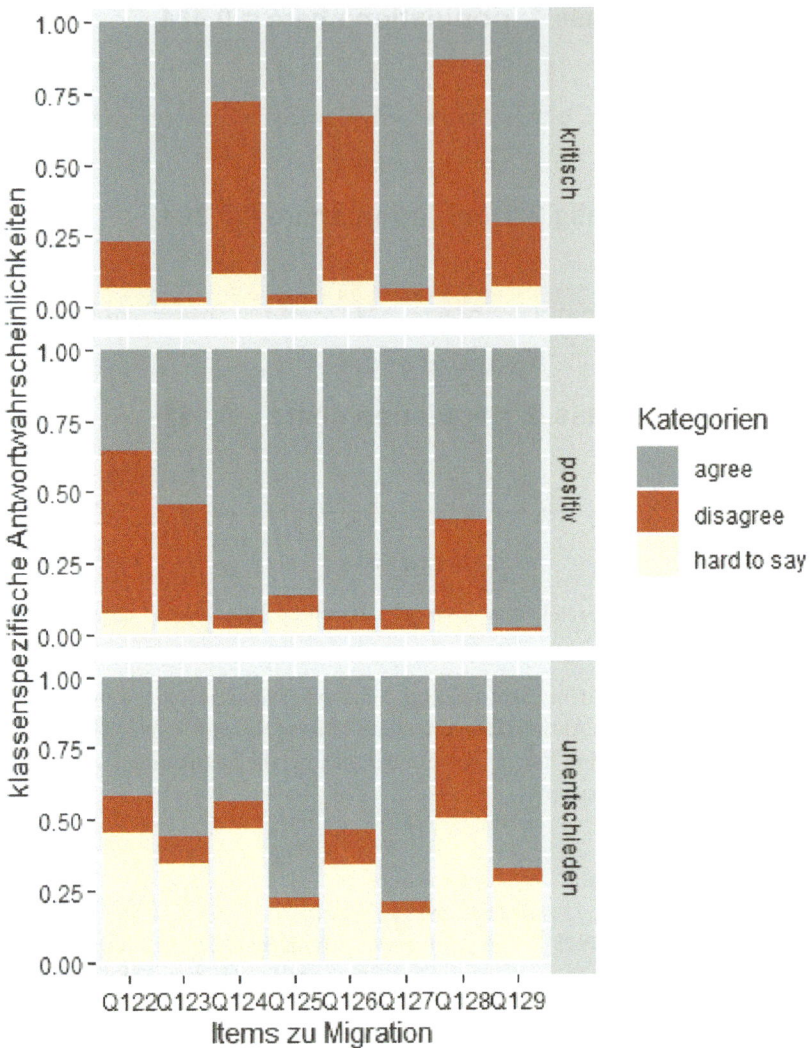

Abb. 3.3 Balkendiagramm, 3-Klassen-Lösung. (Quelle: eigene Darstellung)

Das Balkendiagramm in Abb. 3.3 verdeutlicht, dass sich die Klassen 1 („kritisch") und 2 („positiv") in erster Linie durch die unterschiedliche Ablehnung/Zustimmung zu den Items Q122, Q123, Q124, Q126 und Q128 unterscheiden. Wie bereits in der numerischen Lösung deutlich wurde, weist die „kritische" Klasse relativ hohe Ablehnungswerte bei positiven Aspekten der Migration (Q122: füllt Arbeitsplätze; Q123: stärkt kulturelle Diversität) sowie hohe Zustimmungswerte zu Problemen (Q124: erhöht die Kriminalitätsrate; Q126: erhöht das Terrorismusrisiko; Q128: erhöht Arbeitslosigkeit) auf, während die „positive" Klasse 2 die problematisierenden Items Q124, Q126 und Q128 mehrheitlich ablehnt. In der unentschiedenen Klasse sind die Antwortkategorien „stimme zu" und „hard to say" bei fast allen Items dominierend. Die neutral formulierten Items Q125 und Q127 sind in allen Klassen durch hohe Zustimmung gekennzeichnet.

3.6.3 Klassengröße

Neben der Frage, wofür die Klassen inhaltlich stehen, interessiert ihre Größe im Datensatz. Hier gibt poLCA unter den klassenspezifischen Wahrscheinlichkeiten (siehe R-Ausgabe in Abschn. 3.6) zwei Größenangaben aus, die sich leicht voneinander unterscheiden, die estimated class population shares und die predicted class memberships (by modal posterior prob.). Bei der ersten Angabe, den geschätzten Anteilen der Klassen in der Bevölkerung, handelt es sich um die Größenschätzungen unter Berücksichtigung der exakten Antwortwahrscheinlichkeiten für jeden Befragten. Hat also beispielsweise Person X, mit einem spezifischen Antwortmuster, eine Wahrscheinlichkeit der Zuordnung in Klasse 1 von 85 %, in Klasse 2 von 10 % und in Klasse 3 5 %, so werden diese Wahrscheinlichkeiten bei der Berechnung der geschätzten Klassenanteile berücksichtigt. Die geschätzten Anteile der Klassen lassen sich über lca.3$P aufrufen:

```
lca.3$P

[1] 0.4837265 0.3637691 0.1525044
```

Die „migrationskritische" Klasse ist dementsprechend die größte, mit 48 %, dann folgt die positiv zu Migration eingestellte Klasse mit 36 %, und den kleinsten Anteil hat die „Schwer zu sagen"-Klasse (15 %).

Bei der zweiten Angabe, den vorausgesagten Klassenzugehörigkeiten („predicted class memberships") wird hingegen jeder Fall der Klasse zugeordnet, für die die **höchste** Zugehörigkeitswahrscheinlichkeit (modal posterior probability) besteht. Unter `lca.3$predclass` ist für jeden Fall die Klasse mit der höchsten Zugehörigkeitswahrscheinlichkeit verzeichnet – um die Anteile der Klassen im Datensatz zu erhalten, müssen die Werte durch die Anzahl der gültigen Fälle (`lca.3$N`) geteilt werden.

```
modp <- table(lca.3$predclass)/lca.3$N
round(modp, 3)

    1     2     3
0.516 0.350 0.134
```

Je nachdem, wie gut die Klassen separiert sind, können sich die `estimated class population shares` und die `predicted class memberships` auch stärker als in unserem Beispiel unterscheiden. In der Regel empfiehlt sich der Bericht der `estimated class population shares`, da diese die Wahrscheinlichkeitsverteilung exakter wiedergeben. Die `predicted class memberships` sind zu verwenden, wenn mit der modalen Klassenzuordnung der Fälle weiter gerechnet wird, also die vorhergesagte Klassenzugehörigkeit zu anderen Variablen in Beziehung gesetzt werden soll. Dabei ist allerdings zu beachten, dass die Zuordnung der Fälle anhand der `modal posterior probability` einen gewissen Genauigkeitsverlust beinhaltet (siehe Kap. 4).

3.6.4 Konvergenz

Insbesondere bei komplexen Modellen (z. B. hohe Klassenanzahl) und/oder geringer Fallzahl sollte überprüft werden, ob der maximale Log-Likelihood-Wert repliziert worden ist. Nur wenn dies der Fall ist, kann man mit (einiger) Sicherheit davon ausgehen, dass die Schätzung ein globales Maximum erreicht und eine stabile Lösung produziert hat. Im ersten Durchgang der Modellschätzung wurden jeweils 5 unterschiedliche Startwerte (`nrep=5`) angefordert. Die LL-Werte für alle Durchgänge sind im Listenobjekt `lc` (oder in den einzelnen LCA-Objekten, z. B. `lca.3`) unter `$attempts` gespeichert.

```
lc[[3]]$attempts

[1] -7903.715 -7903.715 -7903.715 -7903.715 -7903.715
```

Das Ergebnis für das Drei-Klassen-Modell zeigt, dass der Log-Likelihood-Wert −7903.715 in allen fünf Durchgängen erreicht worden ist. Hier ist also davon auszugehen, dass die Lösung stabil und reproduzierbar ist. Betrachtet man hingegen die Schätzdurchgänge für das Modell mit 10 Klassen, werden fünf verschiedene Werte angezeigt.

```
lc[[10]]$attempts

[1] -7695.346 -7690.417 -7689.324 -7699.076 -7692.177
```

Der maximale Log-likelihood ist in diesem Fall −7689.324, der jedoch in den fünf Durchgängen nur einmal vorhanden ist. Bei einem derartigen Ergebnis, das auch mit der Warnung `ALERT: iterations finished, MAXIMUM LIKELIHOOD NOT FOUND` in der Modellschätzung einhergehen kann, sollte die Modellschätzung mit mehr Iterationen wiederholt werden, d. h. höhere Werte für `nrep` (die Anzahl der Replikationen mit zufälligen Startwerten) und `max.iter` (die Anzahl der Iterationen des Algorithmus) im Modellbefehl angegeben werden. Kann auch mit diesen Maßnahmen keine Replikation des besten LL-Werts erreicht werden, ist das Modell wahrscheinlich zu komplex und eine Lösung mit weniger Klassen angemessen. Zudem können die verwendeten Variablen geprüft und ggf. Kategorien mit geringer Besetzung zusammengefasst werden, dies erhöht ebenfalls die Modellstabilität. Masyn (2013) weist darauf hin, dass auch die Existenz sehr kleiner Klassen (Klassengröße nahe Null) ein Hinweis darauf sein kann, dass zu viele Klassen extrahiert wurden und ein Modell mit weniger Klassen den Daten angemessener wäre. Eine fortgeschrittene Möglichkeit der Behandlung von Konvergenzproblemen wäre die Restriktion einzelner Parameter; dies ist in `poLCA` allerdings nicht implementiert.

3.7 Ergebnispräsentation

Liegt das Interesse der Forschenden rein in der Erstellung einer Klassifikation, ist die Analyse an dieser Stelle an ihr Ziel gelangt. Die Ergebnispräsentation einer latenten Klassenanalyse sollte die folgenden Punkte enthalten:

- eine Erläuterung der für die Klassifikation verwendeten Variablen, ggf. deskriptive Statistiken und Informationen zum Umgang mit fehlenden Werten
- eine Diskussion, auf welcher Grundlage das finale Modell (Klassenanzahl) gewählt wurde. Üblicherweise werden die Informationskriterien für Modelle mit unterschiedlicher Klassenanzahl (Scree-Plots und/oder nach dem Modell der

obigen Tabelle) sowie ggf. weitere Tests und inhaltliche Begründungen angeführt
- die klassenspezifischen Antwortwahrscheinlichkeiten des gewählten Modells in Form einer Tabelle oder Abbildung und deren inhaltliche Interpretation, sowie die Klassengröße
- dass das berichtete Modell keine Probleme bei der Konvergenz aufweist, versteht sich eigentlich von selbst und muss nicht zwingend berichtet werden; kam es im Lauf der Prüfung verschiedener Modelle zu Konvergenzproblemen, kann diese Information mit in die Begründung der Entscheidung für das endgültige Modell einfließen.

Beispiele für die Präsentation von Ergebnissen einer latenten Klassenanalyse finden sich u. a. in Weller et al. (2020), Barth und Trübner (2018), Grunow et al. (2018).

Assoziationen der latenten Klassen mit externen Variablen

4

Die Erstellung einer Klassifikation ist häufig erst der erste Schritt eines Forschungsvorhabens. Im weiteren Verlauf ist von Interesse, wie die latenten Klassen mit externen Variablen, die nicht in der Klassifikation selbst verwendet wurden, assoziiert sind. In der Logik latenter Variablenmodelle werden die Relationen zwischen den manifesten Indikatoren und der latenten Variablen als „Messmodell" bezeichnet, die Assoziationen anderer Variablen mit einzelnen Indikatoren oder der latenten Variablen bilden das „Strukturmodell".

Zur näheren Beschreibung der latenten Klassen in unserem Beispiel könnte z. B. geprüft werden, ob sich die Mittelwerte einer externen metrischen Variablen (z. B. Alter), zwischen den latenten „Migrations-Einstellungs-Klassen" unterscheiden. Eine weitere Möglichkeit ist die Überprüfung kausaler Zusammenhänge. Auf der einen Seite können externe Variablen als Prädiktoren der Klassenzuordnung dienen – ist beispielsweise der Bildungsstand ausschlaggebend dafür, in welcher der drei „Migrations-Einstellungs-Klassen" eine bestimmte Person landet? Auf der anderen Seite kann auch die Klassenzugehörigkeit als erklärende Variable verwendet werden, so könnte die Einstellung zur Migration beispielsweise bestimmen, für welches konkrete Grenzregime sich jemand ausspricht (in diesem Fall wird die Kovariate häufig als „distal outcome" bezeichnet, siehe Asparouhov und Muthén 2014). Neben der Prüfung inhaltlicher Zusammenhänge können externe Variablen auch zur Validierung der Klassifikation verwendet werden, wenn aus vorherigen Studien erwartbare Zusammenhänge bekannt sind.

Im Folgenden wird der Zusammenhang des Bildungsstands sowie des Alters mit den im vorherigen Kapitel besprochenen Migrations-Einstellungs-Klassen evaluiert. Aus der Forschung ist bekannt, dass Menschen mit hoher Bildung zu einer positiveren Einschätzung der Auswirkungen von Migration in ihr Land neigen als niedrig Gebildete (z. B. Borgonovi und Pokropek 2019). Zudem wird angenommen, dass ältere Menschen Migration durchschnittlich kritischer beurteilen als jüngere (Semyonov et al. 2006).

© Der/die Autor(en), exklusiv lizenziert an Springer Fachmedien Wiesbaden GmbH, ein Teil von Springer Nature 2024
A. Barth, *Latente Klassenanalyse*, Quantitative Sozialforschung, https://doi.org/10.1007/978-3-658-45773-0_4

Grundsätzlich gibt es zwei Möglichkeiten, wie externe Variablen in der latenten Klassenanalyse integriert werden können. Möglichkeit eins ist die schrittweise Modellierung, d. h. es wird zunächst das latente Klassenmodell ohne externe Variablen geschätzt, dann werden die Fälle auf Basis des Modells einer Klasse zugeordnet, und die Klassenzuordnung dann als Variable in einem Folgemodell verwendet. Diese Herangehensweise wird als „classify-analyze" oder „two-step" bzw. „three-step"-Modellierung bezeichnet. Möglichkeit zwei ist die gemeinsame Modellierung von latenten Klassen („Messmodell") und externen Variablen („Strukturmodell"). Dies wird oft auch als „one-step approach" bezeichnet. Beide Ansätze bieten Vor- und Nachteile, die im Folgenden erläutert werden.

4.1 Einteilung in die wahrscheinlichste Klasse

Für eine erste Übersicht über die Zusammenhänge der latenten Klassen mit externen Variablen liegt es nahe, aus dem Ergebnis der latenten Klassenanalyse eine kategoriale Variable zu extrahieren, die für jeden Fall die Klasse mit der höchsten Zuordnungswahrscheinlichkeit ausdrückt (`modal posterior probability` bzw. `most likely class membership`). Die simple „classify-analyze"-Strategie bedeutet allerdings, dass eine Stärke der latenten Klassenanalyse, nämlich die probabilistische anstatt der deterministischen Klassenzuordnung, verloren geht. Zudem kann die höchste Zuordnungswahrscheinlichkeit die einzelnen Fälle unterschiedlich gut charakterisieren. Dies wird am Beispiel fünf zufällig ausgewählter Fälle aus dem Datensatz erläutert. Die Spalten 1, 2 und 3 repräsentieren die Klassen, in jeder Zeile steht ein Fall.

```
library(poLCA)
library(dplyr)
round(lca.3$posterior[6:10,],3)

        [,1]   [,2]   [,3]
[1,]   0.000  0.997  0.003
[2,]   0.904  0.021  0.075
[3,]   0.003  0.000  0.997
[4,]   0.998  0.000  0.002
[5,]   0.685  0.292  0.023
```

Während der erste, dritte und vierte Fall jeweils mit sehr hoher Wahrscheinlichkeit (über 99 %) einer bestimmten Klasse zugeordnet werden, liegt die höchste Zuordnungswahrscheinlichkeit bei Fall 2 bei 90 % und bei Fall 5 sogar nur bei 68,5 %. Dies heißt im Umkehrschluss, dass bei einer Klassifikation in die Klasse mit der höchsten Zuordnungswahrscheinlichkeit die Information, dass es für das Antwortmuster von Fall 5 auch eine Zuordnungswahrscheinlichkeit von knapp 30 % in eine andere Klasse gab, verloren geht.

Die Zuordnung zu der wahrscheinlichsten Klasse sollte daher nur verwendet werden, wenn die Klassifikationsfehler relativ gering sind. Ein globales Maß dafür ist die Entropie. Clark und Muthén (2009) argumentieren, dass die höchste Zuordnungswahrscheinlichkeit zu einer Klasse als Variable ab einer Entropie von 0,8 gut zu verwenden ist. Allerdings ist zu beachten, dass durch die deterministische Klassenzuordnung die Standardfehler in einem Modell mit Kovariaten potentiell unterschätzt werden, weshalb nicht das Signifikanzniveau von 0,05, sondern ein stringenteres Kriterium (etwa $p < 0{,}01$), gewählt werden sollte. In unserem Beispiel der drei Migrationseinstellungs-Klassen liegt die Entropie bei 0,7, Modelle mit der wahrscheinlichsten Klassenzuordnung sollten demnach mit großer Vorsicht interpretiert werden. Nichtsdestoweniger kann es hilfreich sein, sich einen ersten Überblick über Zusammenhänge zu verschaffen, indem die wahrscheinlichste Klasse mit anderen Variablen in Beziehung gesetzt wird.

4.1.1 Datenvorbereitung

Wie üblich sollten die zu verwendenden Variablen zunächst auf Objekttyp, fehlende Werte und Auffälligkeiten geprüft werden. Zusätzlich zu den Variablen, die Einstellungen zu Migration erfassen, werden nun noch Bildung (Q275R: Bildungsstand in drei Gruppen) und Alter (Q262) betrachtet, die in dem im vorherigen Kapitel erstellten Datensatz df_ex enthalten sind. Sofern dieser nicht mehr im R-Environment vorhanden ist, kann er aus dem GitHub-Repositorium heruntergeladen und in der R-Umgebung geöffnet werden.

```
load('./df_ex.rdata')

summary(data.frame(df_ex$Q275))
```

```
                                    df_ex.Q275
Higher                                    :526
Lower                                     :170
Middle                                    :823
Other missing; Multiple answers Mail (EVS):   3
```

Die Betrachtung der Variable Bildungsstand zeigt, dass es eine Kategorie „Other missing" gibt, die noch als fehlender Wert definiert werden muss. Um mögliche Fehler zu vermeiden, wird eine neue Variable educ3 erstellt, die direkt als Teil des Datensatzes zugeordnet wird (df_ex$educ3).

```
df_ex$educ3 <- df_ex$Q275
df_ex$educ3[df_ex$educ3=="Other missing; Multiple answers Mail
            (EVS)"]<-NA
df_ex$educ3 <- droplevels(df_ex$educ3)
summary(df_ex$educ3)

Higher  Lower Middle    NA's
   526    170    823       3
```

Die Variable „Bildungsstand" hat nur drei fehlende Werte und ist damit als Kovariate gut geeignet. Als nächstes wird die Variable „Alter" geprüft.

```
class(df_ex$Q262)

[1] "factor"

levels(df_ex$Q262)

 [1] "18" "19" "20" "21" "22" "23" "24" "25" "26" "27" "28"
"29" "30" "31" "32" "33" "34" "35" "36" "37" "38" "39" "40"
"41" "42" "43" "44"
[28] "45" "46" "47" "48" "49" "50" "51" "52" "53" "54" "55"
"56" "57" "58" "59" "60" "61" "62" "63" "64" "65" "66" "67"
"68" "69" "70" "71"
[55] "72" "73" "74" "75" "76" "77" "78" "79" "80" "81" "82"
"83" "84" "85" "86" "87" "88" "89" "91" "92" "93" "96"
```

Es fällt auf, dass die Variable „Alter" eigentlich numerisches Skalenniveau haben sollte, im Datensatz jedoch als Faktor gespeichert ist. Die Namen der Faktorlevels sind die verschiedenen Altersangaben der Befragten. Für die Analyse wird eine neue, numerische Variable age generiert und an den Datensatz angefügt. Dabei muss darauf geachtet werden, tatsächlich die richtigen Werte zu übernehmen: Wenn nur der Befehl as.numeric benutzt wird, verwendet R die unterliegenden, numerischen Faktorlevel von 1 bis 76. Um die realen Altersangaben

4.1 Einteilung in die wahrscheinlichste Klasse

von 18 bis 96 zu erhalten, muss `paste` eingefügt werden, dabei werden die Namen der Faktorlevel, die hier die korrekten Altersangaben repräsentieren, übernommen.

```
df_ex$age <- as.numeric(paste(df_ex$Q262))
class(df_ex$age)

[1] "numeric"

summary(df_ex$age)

   Min. 1st Qu.  Median    Mean 3rd Qu.    Max.
  18.00   36.00   51.00   50.78   65.00   96.00
```

Wie die `class` und `summary`-Funktionen zeigen, ist die Variable `age` nun numerisch und weist keine fehlenden Werte auf.

Die wahrscheinlichste Klasse schließlich ist im geschätzten LCA-Modell unter `$predclass` gespeichert. Hier wird die 3-Klassen-Lösung aus der Analyse ohne Kovariaten aus Kap. 3 (`lca.3$predclass`) verwendet und ebenfalls an den Datensatz `df_ex` angefügt. Um die korrekte Zuordnung der Fälle zu gewährleisten, ist darauf zu achten, dass die Reihenfolge der Fälle im Datensatz zwischen dem Berechnen der latenten Klassenanalyse und dem Anfügen der `predclass`-Variable nicht durch eine spezifische Sortierung geändert wurde.

```
df_ex$predclass <- lca.3$predclass
```

4.1.2 Kreuztabellierung

Die Klassenzuordnung `predclass` ist eine kategoriale Variable mit drei Ausprägungen. Ist die externe Variable – hier: Bildung in drei Kategorien – ebenfalls kategorial, kann der Zusammenhang in Form einer Kreuztabelle betrachtet werden. Der eigentliche `table`-Befehl zur Erstellung der Kreuztabelle wird eingebettet in den Befehl `prop.table` zur Prozentuierung (die 1 steht für Zeilenprozente) sowie `round` zur Rundung der Zahlen auf zwei Nachkommastellen.

```
Zeilenprozente <- df_ex %>%
  dplyr::select(educ3, predclass) %>%    # Variablenauswahl
  table() %>%                            # Kontingenztabelle
```

```
prop.table(1) %>%                      # Zeilenprozente
round(., 2)                            # Runden

print(Zeilenprozente)

       predclass
educ3      1    2    3
  Higher 0.43 0.45 0.12
  Lower  0.54 0.23 0.23
  Middle 0.57 0.31 0.13
```

Die Tabelle kann in beide Richtungen prozentuiert werden. Variante 1 (Zeilenprozente) drückt aus, dass für Hochgebildete die Wahrscheinlichkeit, in Klasse 1 (migrationskritisch) zugeordnet zu werden, bei 43 % liegt, während sie für Klasse 3 („Schwer zu sagen") 12 % beträgt. Für niedrig gebildete ist hingegen die Wahrscheinlichkeit, Klasse 3 zugeordnet zu werden, mit 23 % wesentlich höher. Für Spaltenprozente erhält der prop.table-Befehl eine 2.

```
Spaltenprozente <- df_ex %>%
  dplyr::select(educ3, predclass) %>%  # Variablenauswahl
  table() %>%                          # Kontingenztabelle
  prop.table(2) %>%                    # Spaltenprozente
  round(., 2)                          # Runden

print(Spaltenprozente)

       predclass
educ3      1    2    3
  Higher 0.29 0.45 0.30
  Lower  0.12 0.07 0.19
  Middle 0.59 0.48 0.50
```

Wird spaltenweise prozentuiert, wird die Aufteilung der Bildungsgruppen auf die Klassen ersichtlich. In Klasse 2 (migrationsaffin) befinden sich 45 % Hochgebildete, aber nur 7 % mit niedriger Bildung. In Klasse 3 liegt der Anteil der niedrig gebildeten hingegen bei 19 %.

Schließlich kann die Signifikanz des Zusammenhangs mithilfe eines statistischen Tests, hier dem Chi-Quadrat-Test, evaluiert werden. Hier ist zu beachten,

4.1 Einteilung in die wahrscheinlichste Klasse

dass der Chi-Quadrat-Test nicht auf die prozentuierten Werte, sondern auf das ursprüngliche table-Objekt angewendet werden muss.

```
chisq.test(table(df_ex$educ3, df_ex$predclass))

        Pearson's Chi-squared test

data:  table(df_ex$educ3, df_ex$predclass)
X-squared = 50.413, df = 4, p-value = 2.961e-10
```

Der Test zeigt, dass der Zusammenhang mit einem Chi-Quadrat-Wert von 50,4 bei 4 Freiheitsgraden höchst signifikant ist (p-Wert unter 0,001). Trotz der Problematik unterschätzter Klassifikationsunschärfen durch die deterministische Zuordnung in die wahrscheinlichste Klasse ist davon auszugehen, dass ein bedeutender Zusammenhang zwischen Bildung und Einstellung zu Migration besteht.

4.1.3 Mittelwertvergleich

Auch Zusammenhänge der Klassen mit metrischen Variablen können betrachtet werden, beispielsweise mit der Variable Alter. R bietet verschiedene Möglichkeiten für Mittelwertvergleiche, eine Variante ist `tapply`. Damit wird eine Funktion (in diesem Fall `mean` für Mittelwert) auf die abhängige Variable `age`, gruppiert nach `predclass`, angewendet. Hätte die Variable Alter fehlende Werte, müsste zusätzlich `na.rm=TRUE` an den Befehl angefügt werden.

```
tapply(df_ex$age, df_ex$predclass, mean)

       1        2        3
52.95802 47.39286 51.20098
```

Der Vergleich der Mittelwerte zeigt, dass das Durchschnittsalter der migrationskritischen Klasse 1 bei knapp 53 Jahren liegt, Befragte in der migrationsaffinen Klasse sind mit durchschnittlich 47 Jahren jünger. Das Durchschnittsalter der „schwer zu sagen"-Klasse liegt bei 51 Jahren. Daraus ergibt sich, dass es wie erwartet einen gewissen Altersunterschied zwischen dem eher migrationsaffinen und dem eher migrationskritischen Bevölkerungsanteil gibt. Der deskriptive Mittelwertvergleich gibt noch keinen Aufschluss darüber, ob die Unterschiede signifikant sind – zu diesem Zweck könnte beispielsweise eine Varianzanalyse (ANOVA) durchgeführt werden, aufgrund der oben geschilderten Problematik unterschätzter Standardfehler durch die Gruppierung in die wahrscheinlichste Klasse sollten jedoch nur hoch signifikante Effekte Beachtung finden.

4.1.4 Zusammenfassung

Die Einteilung in die wahrscheinlichste Klasse bietet eine einfache und relativ intuitive Möglichkeit, die Zusammenhänge der Klassen mit externen Variablen zu betrachten. Neben den hier vorgestellten bivariaten Statistiken können z. B. auch Regressionsmodelle berechnet werden, zudem kann die Klassifikation als kategoriale Variable in struktur-entdeckende Verfahren wie multiple Korrespondenzanalyse (siehe z. B. Barth und Schmitz 2018), integriert werden. Allerdings warnen verschiedene Autorinnen und Autoren vor der Verwendung der wahrscheinlichsten Klassenzugehörigkeit und argumentieren, dass eine fixe Zuordnung der Fälle zu einer bestimmten Klasse die Zusammenhänge zwischen latenten Klassen und Kovariaten unterschätzt und zu inkorrekten Standardfehlern führt (Bolck et al. 2004). Es ist eine Reihe von Korrekturverfahren entwickelt worden, bei denen zunächst das latente Klassenmodell ohne Kovariaten geschätzt, dann die Informationen zur probabilistischen Klassenzuordnung extrahiert und im dritten Schritt in einem Regressionsmodell verwendet werden, wobei Klassifikationsfehler mitgeschätzt werden (z. B. Bolck et al. 2004; Vermunt 2010). Leider sind Varianten eines derartigen „three-step approach", in dem Klassifikationsfehler korrigiert werden, aktuell nur in kommerziellen Software-Paketen (LatentGold und MPlus) implementiert.

4.2 Direkte Modellierung („one-step approach")

Eine Alternative zur Modellierung von Kovariaten in der latenten Klassenanalyse ist der „one-step-approach": hier werden latente Klassen und externe Variable gemeinsam modelliert. In poLCA gibt es diese Möglichkeit nur für externe Kovariaten, also Variablen, die die Zugehörigkeit zu einer Klasse beeinflussen. Es handelt sich um eine „latent class regression" (Linzer und Lewis 2011), bei der die A-Priori-Wahrscheinlichkeit der Klassenzugehörigkeit durch die Kovariaten beeinflusst werden kann. Die externen Variablen werden dabei als unabhängige Variablen in einem multinomial-logistischen Regressionsmodell behandelt, bei dem die abhängige Variable die latenten Klassen sind. Die entsprechende(n) Kovaria-

4.2 Direkte Modellierung („one-step approach")

te(n) werden am Ende der `formula` eingesetzt: statt `cbind(v1, v2, v3...)~1` lautet die Modellierung mit Kovariaten `cbind(v1, v2, v3...) ~ cov1+cov2`.

Ein Nachteil der gemeinsamen Modellierung des latenten Klassenmodells und der Kovariaten besteht darin, dass sich die Modellparameter, also die klassenspezifischen Antwortwahrscheinlichkeiten sowie die Klassengröße, durch den Einbezug von Kovariaten ändern können, was eine erneute Modellinterpretation erforderlich machen kann. Ebenso ändern sich die Maße der absoluten und relativen Modellgüte. In der Literatur herrscht weitgehend Einigkeit darüber, dass die Klassenanzahl vor dem Einbezug von Kovariaten bestimmt und dann beibehalten werden sollte. Nichtsdestoweniger sollten Forschende im Blick behalten, ob das Modell mit Kovariaten einen guten „fit" hat und inwiefern sich Veränderungen in den Modellparametern ergeben.

4.2.1 Modellierung mit Kovariaten

Für Fälle mit fehlenden Werten auf den Kovariaten wendet `poLCA` „listwise deletion" an, d. h. sie werden im Modell nicht verwendet. Es empfiehlt sich daher, die zu verwendenden externen Variablen zuvor auf fehlende Werte zu prüfen. Wie oben (Abschn. 4.1.1) gesehen, hat die Variable „Alter" keine fehlenden Werte, die Variable „Bildung" lediglich drei fehlende Fälle. Insofern können die beiden Variablen problemlos verwendet werden. Da später in der Modellberechnung auf den Datensatz `df_ex` verwiesen wird, sollten ggf. neu erstellte Variablen nicht nur als freie Objekte vorhanden sein, sondern an den verwendeten Datensatz angefügt werden. Zunächst wird die modifizierte `formula` mit Bildung und Alter geschrieben.

```
lca.var.cov<- cbind(Q122, Q123,Q124,Q125, Q126, Q127, Q128,
                    Q129) ~ educ3+age
```

Das Vorgehen bei der Modellierung umfasst zwei Schritte. In Schritt 1 wird getestet, ob das Modell mit Kovariaten konvergiert, d. h. ob der beste Log-Likelihood-Wert repliziert werden kann. Da hier zunächst nur die LL-Werte interessieren, wird `verbose=FALSE` angegeben und die Modellausgabe damit unterdrückt.

```
set.seed(0608)
lca.3.cov <- poLCA(lca.var.cov, data = df_ex, nclass = 3,
                   na.rm = FALSE, nrep=10, verbose=FALSE)
```

Dann werden die unter `attempts` gespeicherten LL-Werte daraufhin geprüft, ob der beste Wert repliziert werden konnte.

```
lca.3.cov$llik

[1] -7831.631

lca.3.cov$attempts

[1] -7831.631 -7831.631 -7831.631 -7890.660 -8003.259
-7831.631 -7831.631 -8085.298 -7831.631 -7831.631
```

Der beste LL-Wert −7831,631 wurde hier in mehreren Durchläufen erreicht, was für eine relativ stabile Lösung spricht. Um die gewohnte Sortierung der Klassen beizubehalten und die Überprüfung möglicher inhaltlicher Änderungen zu vereinfachen, wird die Analyse erneut mit Startwerten aus dem vorherigen Durchlauf durchgeführt.

```
probs.start.cov <- poLCA.reorder(lca.3.cov$probs.start,
                    order(lca.3.cov$P,
                    decreasing=TRUE))
lca.3.cov <- poLCA(lca.var.cov, df_ex, nclass=3, na.rm=FALSE,
                    probs.start = probs.start.cov)

Conditional item response (column) probabilities,
 by outcome variable, for each class (row)

$Q122
          Pr(1)  Pr(2)  Pr(3)
class 1: 0.3408 0.5798 0.0795
class 2: 0.7612 0.1676 0.0712
class 3: 0.4178 0.1342 0.4481

$Q123
          Pr(1)  Pr(2)  Pr(3)
class 1: 0.5291 0.4215 0.0494
class 2: 0.9689 0.0212 0.0100
class 3: 0.5561 0.0935 0.3504

$Q124
          Pr(1)  Pr(2)  Pr(3)
class 1: 0.9329 0.0452 0.0219
```

4.2 Direkte Modellierung („one-step approach")

```
class 2:   0.3082 0.5826 0.1092
class 3:   0.4291 0.0843 0.4866

$Q125
           Pr(1)  Pr(2)  Pr(3)
class 1:   0.8624 0.0588 0.0788
class 2:   0.9634 0.0277 0.0089
class 3:   0.7684 0.0418 0.1898

$Q126
           Pr(1)  Pr(2)  Pr(3)
class 1:   0.9467 0.0452 0.0080
class 2:   0.3431 0.5684 0.0885
class 3:   0.5430 0.1115 0.3454

$Q127
           Pr(1)  Pr(2)  Pr(3)
class 1:   0.9166 0.0697 0.0137
class 2:   0.9386 0.0457 0.0157
class 3:   0.7940 0.0383 0.1677

$Q128
           Pr(1)  Pr(2)  Pr(3)
class 1:   0.6098 0.3257 0.0646
class 2:   0.1435 0.8182 0.0383
class 3:   0.1838 0.3281 0.4881

$Q129
           Pr(1)  Pr(2)  Pr(3)
class 1:   0.9786 0.0178 0.0036
class 2:   0.7174 0.2162 0.0664
class 3:   0.6729 0.0534 0.2737

Estimated class population shares
 0.4694 0.3793 0.1513
 Predicted class memberships (by modal posterior prob.)
 0.4793 0.3805 0.1402

============================================================
```

```
Fit for 3 latent classes:
===========================================================
2 / 1
             Coefficient   Std. error   t value   Pr(>|t|)
(Intercept)   1.71287      0.24710       6.932      0
educ3Lower   -1.69920      0.30305      -5.607      0
educ3Middle  -0.91814      0.15090      -6.085      0
age          -0.02559      0.00411      -6.228      0
===========================================================
3 / 1
             Coefficient   Std. error   t value   Pr(>|t|)
(Intercept)  -0.75272      0.35284      -2.133    0.033
educ3Lower    0.53190      0.28072       1.895    0.058
educ3Middle  -0.32417      0.22732      -1.426    0.154
age          -0.00556      0.00533      -1.043    0.297
===========================================================
number of observations: 1519
number of fully observed cases: 1351
number of estimated parameters: 56
residual degrees of freedom: 1463
maximum log-likelihood: -7831.631

AIC(3): 15775.26
BIC(3): 16073.51
X^2(3): 53520.41 (Chi-square goodness of fit)
```

Eine Inspektion des Modells zeigt, dass sich die Modellparameter im Vergleich zur 3-Klassen-Lösung ohne Kovariaten (vgl. Abschn. 3.6) nur geringfügig verändert haben. Die Interpretation einer migrationskritischen, einer eher migrationsaffinen und einer unentschlossenen Klasse hält also weiterhin stand. Die Anzahl der berechneten Parameter ist um sechs gestiegen. Dabei handelt es sich um den Effekt von zwei Bildungskategorien sowie der Altersvariable auf zwei Klassen (wie gewohnt in Regressionsmodellen mit kategorialen Variablen dient jeweils eine Klasse bzw. Kategorie als Referenz, daher werden nur für zwei von drei Klassen bzw. Bildungskategorien Parameter geschätzt). Betrachtet man AIC und BIC, so sind diese etwas niedriger als im 3-Klassen-Modell ohne Kovariaten, die relative Modellgüte ist demnach durch den Einbezug von Alter und Bildungsstand verbessert worden.

4.2.2 Interpretation der Effekte der Kovariaten auf die Wahrscheinlichkeit der Klassenzugehörigkeit

Zur bereits bekannten Ausgabe der Klassenlösung sind zwei Tabellen hinzugekommen, die die Koeffizienten der Kovariaten in einem multinomial logistischen Regressionsmodell zeigen. Aus den Angaben 2/1 und 3/1 ist zu erkennen, dass die Klasse 1, d. h. die migrationskritische Klasse, die Referenzkategorie darstellt. Die Effekte der Kovariaten auf die Klassen 2 und 3 werden demzufolge im Vergleich zur Klasse 1 interpretiert. Es handelt sich um Logit-Koeffizienten; ein negatives Vorzeichen bedeutet geringere Wahrscheinlichkeit, der Klasse zugeordnet zu werden, ein positives Vorzeichen höhere Wahrscheinlichkeit.

In der ersten Tabelle der obigen Ausgabe, die den Effekt in Klasse 2 (migrationsaffin) im Vergleich zu Klasse 1 (migrationskritisch) beschreibt, fällt zunächst auf, dass alle Effekte höchst signifikant sind (hoher t-Wert, $\Pr(>|t|) = 0$). Die beiden Kategorien educ3Lower und educ3Middle haben jeweils einen negativen Effekt. Dies bedeutet, dass Menschen mit niedriger und mittlerer Bildung (im Vergleich zur Referenzkategorie educ3High) eine geringere Wahrscheinlichkeit haben, in der migrationsaffinen Klasse 2 zu sein (im Vergleich zur Referenzklasse 1). Alter hat ebenfalls einen negativen Effekt: mit höherem Alter sinkt die Wahrscheinlichkeit, in der migrationsaffinen Klasse 2 zu sein. Die Effektrichtungen beider Kovariaten haben sich bereits in der bivariaten Analyse in Abschn. 4.1 abgezeichnet und ergeben vor dem Hintergrund aktueller Forschung zu Einstellungen zur Migration Sinn.

Ein anderes Bild ergibt sich beim Vergleich der Logit-Koeffizienten zwischen Klasse 1 und Klasse 3, in der Tabelle darunter. Hier ist kein Effekt signifikant, wobei der t-Wert bei educ3Lower relativ nah an der Grenze zu |1,96|, und damit dem 5 %-Signifikanzniveau, liegt. Es gibt demzufolge eine leichte Tendenz, dass mit niedriger Bildung die Wahrscheinlichkeit, in Klasse 3 zu sein, steigt. Insgesamt scheinen Alter und Bildung jedoch keinen systematischen Einfluss auf die Wahrscheinlichkeit, in Migrationsfragen vor allem unentschlossen zu sein (gegenüber der Wahrscheinlichkeit der Zugehörigkeit zur migrationskritischen Klasse 1), auszuüben.

4.2.3 Visualisierung marginaler Effekte

Insbesondere bei metrischen Kovariaten kann es für die Interpretation von Vorteil sein, die marginalen Effekte der Kovariaten auf die Wahrscheinlichkeit der Klassenzugehörigkeit in einer Grafik darzustellen. Die Vorgehensweise wird in Linzer und Lewis (2011) beschrieben, ist jedoch nicht direkt in poLCA implementiert und erfordert daher manuelle Code-Erstellung. Es gibt eine kategoriale (Bildung) und eine metrische Kovariate (Alter). Der Übersichtlichkeit halber werden verschiedene Plots für die Ausprägungen der kategorialen Variable (niedrige, mittlere und hohe Bildung) und den jeweiligen Effekt des Alters erstellt.

Zuerst werden marginale Effekte für die Ausprägung „niedrige Bildung" (educ3Lower) visualisiert. Es wird ein Matrix-Objekt (hier benannt als educ_low) erstellt. Dieses hat in unserem Fall vier Spalten. Wichtig für die Übertragung des Codes auf andere Beispiele ist, dass die Struktur des Matrix-Objekts sich an der Struktur der interessierenden Koeffizienten im multinomial logistischen Regressionsmodell orientiert (vgl. Ausgabe des Modells lca.3.cov, Tabelle „Fit for 3 latent classes 2/1", Spalte Coefficient): die erste Spalte mit einer 1 entspricht der Konstante (Intercept), Spalte 2 mit der Ausprägung „niedrige Bildung" erhält ebenfalls eine 1 (da diese Ausprägung interessiert) Spalte 3 (mittlere Bildung) eine 0 (es kann nicht gleichzeitig der Effekt niedriger und mittlerer Bildung geprüft werden) und Spalte 4 (Alter) die für Alter möglichen Ausprägungen von 18 bis 96 Jahren. Im zweiten Schritt erfolgt eine Matrix-Multiplikation des Objekts educ_low mit den Koeffizienten aus dem Objekt lca.3.cov, wobei die entstehenden Logit-Koeffizienten entlogarithmiert, also exponenziert werden (dafür steht das exp vor der Klammer). Daraufhin können die Werte für die Erstellung eines Plots verwendet werden. Mathematisch kann die Berechnung der marginalen Effekte jeder Klasse in Formel 12 in Linzer und Lewis (2011) nachvollzogen werden. Mit der Option text und der Spezifikation passender x- und y-Werte (es wird nach einer ersten Erstellung der Grafik geprüft, wo die Beschriftung adäquat platziert ist), können die Labels der Klassen manuell in den Plot eingetragen werden.

```
educ_low <- cbind(1,1,0,c(18:96))
#1 Matrix-Objekt
exb.edulow <- exp(educ_low %*% lca.3.cov$coeff)
#2 Exponenzierung und Matrix-Multiplikation
matplot(c(18:96), (cbind(1,exb.edulow)/(1+rowSums(exb.edulow))),
        main = "Abbildung 6: Marginaler Effekt des Alters bei
                niedriger Bildung",
        xlab = "Alter",
        ylab = "Wahrscheinlichkeit, zu einer latenten Klasse
                zu gehören",
        ylim = c(0,1), type="l", lwd=1, col=1)
```

4.2 Direkte Modellierung („one-step approach")

```
text(80, 0.4, "unentschlossen")    # Platzierung bei x=80, y=0.4
text(50, 0.6, "migrationskritisch")
text(30, 0.1, "migrationsaffin")
#3 Erstellung der Abbildung
```

Abb. 4.1 verdeutlicht, dass das Alter bei niedriger Bildung einen deutlichen Effekt auf die A-Priori-Wahrscheinlichkeit, migrationsaffin oder migrationskritisch zu sein, hat. Während für die jüngsten Befragten die Wahrscheinlichkeit, in die migrationskritische Klasse eingeordnet zu werden, bei ca. 0,4 liegt, steigt die Wahrscheinlichkeit mit fortschreitendem Alter und liegt bei den ältesten Befragten bei ca. 0,6. Ein entgegengesetzter Verlauf ist bei der migrationsaffinen Klasse zu beobachten, während das Alter auf die Einordnung als „unentschlossen" kaum Einfluss hat. Es ist jedoch zu sehen, dass die Wahrscheinlichkeit, „unentschlossen" zu sein, bei niedriger Bildung höher als in der Gesamtstichprobe ist – die unentschlossene Klasse liegt konstant bei 0,3, wohingegen die Wahrscheinlichkeit für das Gesamtmodell auf 0,15 geschätzt wurde. Dabei ist jedoch im Hinterkopf zu behalten, dass der Effekt der Bildung auf Klasse 3 nur auf dem 10 %-Niveau signifikant (siehe Ausgabe für lca.3.cov) und daher mit Vorsicht zu interpretieren ist.

Die Visualisierung der Effekte für mittlere und hohe Bildung erfolgt analog, wobei jeweils zu Beginn ein eigenes Matrixobjekt erstellt werden muss, in dem die Spalte für mittlere Bildung auf 1 und diejenige für geringe Bildung auf 0 gesetzt

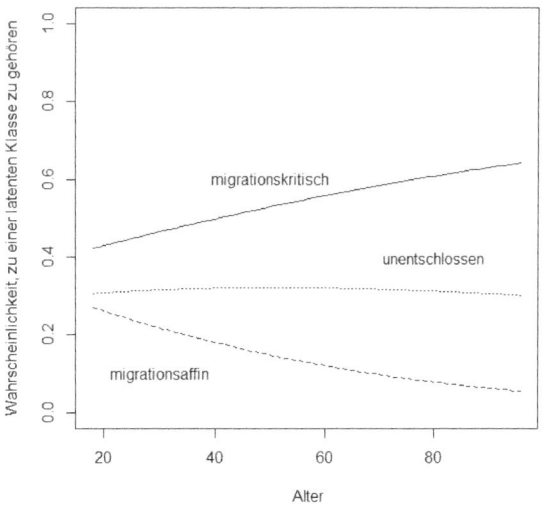

Abb. 4.1 Marginaler Effekt des Alters bei niedriger Bildung. (Quelle: eigene Darstellung)

wird; für hohe Bildung, die Referenzkategorie, werden beide Bildungskoeffizienten (mittel und niedrig) auf 0 gesetzt.

```
educ_med <- cbind(1,0,1,c(18:96))
exb.edumed <- exp(educ_med %*% lca.3.cov$coeff)
matplot(c(18:96), (cbind(1,exb.edumed)/(1+rowSums(exb.edumed))),
    main = "Abbildung 7: Marginaler Effekt des Alters bei
        mittlerer Bildung",
    xlab = "Alter",
    ylab = "Wahrscheinlichkeit, zu einer latenten Klasse
        zu gehören",
    ylim = c(0,1), type="l", lwd=1, col=1)
text(80,0.1, "unentschlossen")
text(80, 0.75, "migrationskritisch")
text(50, 0.4, "migrationsaffin")
```

In Abb. 4.2 ist für die Befragten mit mittlerer Bildung zu sehen, dass die Wahrscheinlichkeit, der migrationskritischen Klasse zuzugehören, mit dem Alter ebenfalls steigt und diejenige der migrationsaffinen Klasse entsprechend sinkt. Es ist jedoch ersichtlich, dass es bei jüngeren Befragten eine sehr viel höhere Wahrscheinlichkeit gibt, der migrationsaffinen Klasse zugeordnet zu werden, als bei

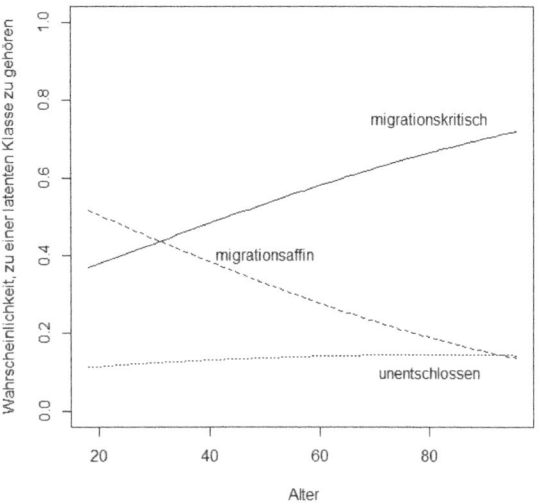

Abb. 4.2 Marginaler Effekt des Alters bei mittlerer Bildung. (Quelle: eigene Darstellung)

4.2 Direkte Modellierung („one-step approach")

niedriger Bildung (vgl. Abb. 3.3). Die Wahrscheinlichkeit, unentschlossen zu sein, ist demgegenüber geringer.

```
educ_hi <- cbind(1,0,0,c(18:96))
exb.eduhi <- exp(educ_hi %*% lca.3.cov$coeff)
matplot(c(18:96), (cbind(1,exb.eduhi)/(1+rowSums(exb.eduhi))),
        main = "Abbildung 8: Marginaler Effekt des Alters bei
                hoher Bildung",
        xlab = "Alter",
        ylab = "Wahrscheinlichkeit, zu einer latenten Klasse
                zu gehören",
        ylim = c(0,1), type="l", lwd=1, col=1)
text(80,0.1, "unentschlossen")
text(30, 0.75, "migrationsaffin")
text(85, 0.6, "migrationskritisch")
```

Abb. 4.3 zeigt, dass die A-Priori-Wahrscheinlichkeit für die migrationsaffine Klasse bei den Befragten mit hoher Bildung noch einmal höher ist als in den anderen Gruppen. Der Schnittpunkt der Alterslinien liegt hier erst bei über 60 Jahren.

Es ist zu beachten, dass in diesem Modell *kein* Interaktionseffekt zwischen Alter und Bildung spezifiziert wurde. Die grundsätzliche Richtung des Alterseffekts ist

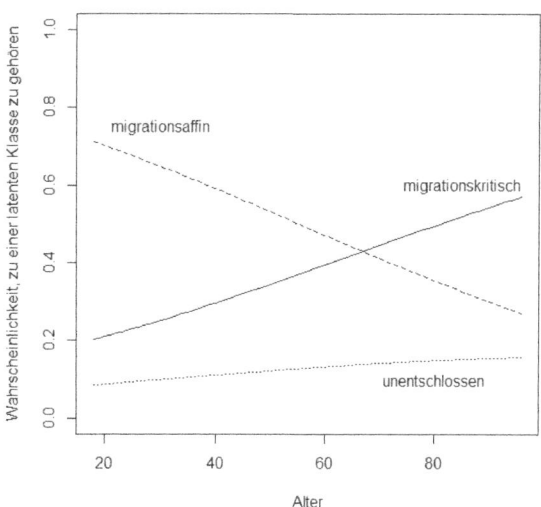

Abb. 4.3 Marginaler Effekt des Alters bei hoher Bildung. (Quelle: eigene Darstellung)

in allen Bildungsgruppen gleich, nur die A-Priori-Wahrscheinlichkeiten, den unterschiedlichen Klassen zugeordnet zu werden, verändern sich je nach Bildungsstand. Die Spezifikation eines Interaktionseffekts wäre möglich (in `poLCA` müsste dafür am Ende der Formula ~ `educ3*age` spezifiziert werden), die Interpretation würde jedoch den Rahmen dieser Einführung sprengen.

4.2.4 Zusammenfassung

Die direkte Modellierung von Kovariation als „one-step approach" bedeutet, dass Messmodell (latente Klassen) und Strukturmodell (Zusammenhänge mit externen Variablen) gemeinsam modelliert werden. Dies bietet den Vorteil, dass die probabilistische Klassenzuordnung erhalten bleibt und der Effekt der Kovariaten auf die Klassenzuordnung korrekt geschätzt wird. Nachteilig ist hingegen, dass sich auch das Messmodell durch den Einbezug der Kovariaten verändern kann, was die Vergleichbarkeit von Modellen mit verschiedenen Kovariaten schmälert. Zudem kann es aus theoretischen Gründen einleuchtender erscheinen, zuerst die grundsätzliche Struktur der latenten Klassen und erst danach ihre Verbindung zu externen Variablen zu analysieren. Außerdem ist in der gemeinsamen Modellschätzung die Anzahl der möglichen Kovariaten begrenzt – wird das Modell zu komplex, kann es zu Konvergenzproblemen kommen. Es wird dementsprechend empfohlen, die Klassenanzahl zunächst in einem Modell ohne Kovariaten zu bestimmen (Nylund-Gibson und Masyn 2016). Bei der anschließenden Modellierung von Kovariaten ist zu prüfen, ob sich die Parameter des latenten Klassenmodells, also klassenspezifische Antwortwahrscheinlichkeiten und Klassengrößen, deutlich verändern. Letzteres kann auf direkte Effekte der Kovariaten auf einzelne Items hinweisen, allerdings bietet `poLCA` (anders als kommerzielle Software) aktuell keine Möglichkeit, solche direkten Effekte zu modellieren. Auch wenn die latenten Klassen als unabhängige Variable in einem Modell verwendet oder komplexere Wirkungszusammenhänge mit mehreren latenten Variablen, direkten und indirekten Effekten modelliert werden sollen, muss entweder auf die Zuordnung zur wahrscheinlichsten Klasse oder wiederum auf kommerzielle Software (hier insbesondere MPlus) zurückgegriffen werden.

Ausblick: weiterführende Verfahren und Modelle 5

5.1 Kontinuierliche Indikatoren: Latente Profilanalyse (LPA)

Sind die manifesten Indikatoren kontinuierlich (metrisch), ist die latente Profilanalyse (LPA) ein angemessenes Klassifikationsverfahren. Wie in der latenten Klassenanalyse ist die latente Variable kategorial, die Vorgehensweise und Interpretation der Lösung in der LPA sind entsprechend sehr ähnlich wie in der bisher behandelten LCA. Die Parameter für das Messmodell (Zusammenhang zwischen manifesten Indikatoren und latenter Variable) sind in der LPA nicht die klassenspezifischen Antwortwahrscheinlichkeiten, sondern die geschätzten Mittelwerte, Varianzen und Kovarianzen der kontinuierlichen Indikatoren. Anders als in der LCA ist in der latenten Profilanalyse die Annahme der lokalen Unabhängigkeit nicht zwingend notwendig; es ist möglich, das Modell so zu schätzen, dass Indikatoren innerhalb von Klassen kovariieren können. Neben der Anzahl der Klassen (Profile) ist daher die Frage, welche Spezifikation der Varianz- und Kovarianzstruktur am besten auf die empirischen Daten passt, bei der Modellauswahl von Bedeutung.

Masyn (2013) schlägt diesbezüglich vier unterschiedliche Modellspezifikationen vor: bei der restriktivsten Lösung sind sowohl Varianzen als auch Kovarianzen zwischen den Klassen gleich, und lokale Unabhängigkeit wird angenommen, d. h. die Indikatorvariablen können innerhalb einer Klasse nicht ko-variieren. Dieses Modell ist die sparsamste Option, es müssen nur wenige Parameter geschätzt werden. Weitergehend können in einem zweiten und dritten Modell jeweils eine der Restriktionen aufgehoben werden, also einerseits die Annahme der lokalen Unabhängigkeit (keine Kovarianz zwischen den Indikatorvariablen innerhalb der Klassen), andererseits die Gleichheitsrestriktion für Varianzen und Kovarianzen zwischen den Klassen. Im vierten Modell schließlich werden beide Annahmen aufgehoben; hier ist die Anzahl der geschätzten Parameter entsprechend am höchsten.

Da `poLCA` nicht auf die Schätzung mit kontinuierlichen Variablen ausgerichtet ist, muss ein anderes R-Paket verwendet werden. Empfehlenswert aufgrund der relativ hohen Anwenderfreundlichkeit ist `tidyLPA` (Rosenberg et al. 2019). `tidyLPA` nutzt die Funktionen des R-Pakets `mclust`, um latente Profilanalysen zu schätzen. Es kann zudem als R-Integration des kommerziellen Softwarepakets MPlus genutzt werden (sofern eine MPlus-Lizenz erworben wurde). `tidyLPA` stellt (basierend auf `mclust`) vier Modellvarianten zur Verfügung, die den eben erläuterten unterschiedlichen Restriktionen entsprechen. Nähere Informationen und eine Schritt-für-Schritt Anleitung finden sich in der Paketbeschreibung von `tidyLPA` (Vignette: Introduction to tidyLPA). Ein Anwendungsbeispiel mit latenten Profilen aus persönlicher Spiritualität und Charaktermerkmalen bieten Ford et al. (2023).

5.2 Testen auf Messinvarianz mittels Gruppen-LCA (`glca`)

Das R-Paket `glca` (Kim und Chung 2023) ist ähnlich strukturiert wie `poLCA`, stellt jedoch zusätzlich eine Erweiterung für den Vergleich verschiedener Gruppen bereit. Grundsätzlich geht es dabei um die Frage, ob und inwiefern sich latente Strukturen zwischen Gruppen unterscheiden, d. h., ob Messinstrumente dieselbe Bedeutung über die verschiedenen Gruppen hinweg haben. Diese Frage wird häufig unter dem Stichwort „Messinvarianz" bzw. „Messäquivalenz" verhandelt und spielt insbesondere in der interkulturellen bzw. kulturvergleichenden Forschung eine wichtige Rolle (Bachleitner et al. 2013; Davidov et al. 2018). Beispielsweise demonstriert Billiet (2013), dass die länderübergreifende Messung von Religiosität verzerrt sein kann. Im European Social Survey (ESS) wird die latente Variable Religiosität mit drei Indikatoren gemessen: subjektive Einschätzung der eigenen Religiosität, Häufigkeit des Besuchs von Gottesdiensten und Häufigkeit des Betens. Allerdings hat die Frage nach der Häufigkeit des Moscheebesuchs im Islam, anders als z. B. im Christentum, eine geschlechtsspezifische Dimension: für Frauen ist es üblich, zu Hause zu beten, anstatt die Moschee zu besuchen. Wird diese Besonderheit bei ländervergleichenden Studien außer Acht gelassen, wird die Religiosität von Frauen in muslimisch geprägten Ländern systematisch unterschätzt, das latente Konstrukt Religiosität ist – in dieser Operationalisierung – nicht messinvariant. Auch bei Studien, die über Zeit vergleichen, kann es zu Messinvarianz-Problemen kommen – so können sich z. B. Aussagekraft und innerer Zusammenhang verschiedener Indikatoren über Zeit verändern. Fried et al. (2016) zeigt dies am Beispiel der Messung des latenten Konstrukts „Depression" im Zuge fortschreitender Genesung der Patientinnen und Patienten.

Die Messinvarianz von Konstrukten lässt sich testen. In der Logik latenter Variablenmodelle wird auf Messinvarianz getestet, indem die empirischen Beziehungen zwischen der latenten Variable und ihren manifesten Indikatoren zwischen verschiedenen Gruppen bzw. Zeitpunkten verglichen werden. Sind die Beziehungen gleich, wird von Messinvarianz bzw. Messäquivalenz gesprochen, und bestehende Unterschiede in Mittelwerten bzw. der Größe latenter Klassen können inhaltlich sinnvoll interpretiert werden. In der latenten Klassenanalyse geht es dabei um die Anzahl der Klassen sowie die klassenspezifischen Antwortwahrscheinlichkeiten: unterscheiden diese sich nicht zwischen den Gruppen, ist ein sinnvoller Vergleich der Klassengrößen möglich (Rudnev 2018). Beispielsweise könnten wir in unserem Beispiel der drei Migrationseinstellungs-Klassen prüfen, ob diese auch in anderen Ländern in ähnlicher Struktur vorkommen, oder ob sich die klassenspezifischen Antwortwahrscheinlichkeiten zwischen Männern und Frauen in Deutschland unterscheiden. Stellt sich heraus, dass die latenten Klassen zwischen Männern und Frauen messinvariant sind, können die Anteile der Klassen zwischen den Geschlechtern sinnvoll verglichen werden – gibt es beispielsweise prozentual mehr Frauen, die der migrationsaffinen Klasse zugerechnet werden? Sind die Klassen hingegen nicht messinvariant (unterscheiden sich die klassenspezifischen Antwortwahrscheinlichkeiten also zwischen den Geschlechtern) ist die inhaltliche Bedeutung der migrationsaffinen Klasse nicht konstant, und Gruppengrößen sind nicht direkt vergleichbar.

Beim Testen auf Messinvarianz besteht der erste Schritt, wie bereits aus Kap. 3 bekannt, in der Feststellung der optimalen Klassenanzahl. Bei wenigen Gruppen kann dies zunächst in jeder Gruppe einzeln erfolgen, wobei unterschiedliche Klassenanzahlen bereits auf mögliche Einschränkungen der Messinvarianz hindeuten – bei unterschiedlicher Gruppengröße kann es jedoch auch sein, dass anhand der Entscheidung nach Gütekriterien relativ kleine Klassen übersehen werden. Daher gilt, dass bei unterschiedlichen Klassenanzahlen in den Gruppen eher in Richtung der höheren Klassenanzahl entschieden werden sollte. Sollen viele Gruppen verglichen werden, oder bestehen bereits starke Annahmen bezüglich der Klassenanzahl, ist es alternativ möglich, in einem über alle Gruppen gepoolten Datensatz die optimale Klassenanzahl zu bestimmen.

Im nächsten Schritt werden mittels `glca` drei Modelle verglichen, die jeweils Daten für alle Gruppen (über die Gruppen gepoolter Datensatz) enthalten:

(1) Modell ohne Gruppenvariable
(2) Modell mit Gruppenvariable und Beschränkung auf Messinvarianz (gleiche klassenspezifische Antwortwahrscheinlichkeiten in den Gruppen)
(3) Modell mit Gruppenvariable ohne Beschränkung auf Messinvarianz (unterschiedliche klassenspezifische Antwortwahrscheinlichkeiten in den Gruppen)

Die Modelle sind ineinander „genestet". Von „genesteten" Modellen spricht man, wenn ein Modell in einem anderen enthalten ist, wobei letzteres mehr zu schätzende Parameter aufweist. Ob das Modell mit mehr Parametern signifikant besser auf die Daten passt, lässt sich mittels eines Likelihood-Ratio-Differenztests ermitteln (siehe Abschn. 2.5.2). Da es sich beim Test auf Messinvarianz um tatsächlich genestete Modelle handelt, die zwar unterschiedlich viele Parameter, aber die gleiche Klassenanzahl aufweisen, gibt es anders als beim Vergleich von Modellen mit unterschiedlicher Klassenanzahl keine Zweifel daran, dass die Differenz der LL-Werte Chi-Quadrat-verteilt ist. Ist der Test signifikant, passt das Modell mit mehr Parametern besser auf die Datenstruktur; d. h., ein signifikantes Ergebnis zwischen (1) und (2) bedeutet, dass die Gruppenvariable einen Einfluss auf die Klassengröße hat, während ein signifikantes Ergebnis zwischen (2) und (3) heißt, dass es je Gruppe unterschiedliche klassenspezifische Antwortwahrscheinlichkeiten gibt, und damit Messinvarianz nicht gegeben ist. Wird fehlende Messinvarianz festgestellt, kann weitergehend überprüft werden, ob die Klassenstrukturen, wenn schon nicht gleich, so doch wenigstens ähnlich sind, bzw. welche Indikatoren die Invarianz verursachen. Zudem ist einschränkend zu sagen, dass der Likelihood-Ratio-Test relativ sensitiv ist, d. h. bei komplexen Modellen mit vielen Parameter können auch recht geringe Abweichungen für ein signifikantes Ergebnis sorgen (Nylund-Gibson et al. 2023), während Gütekriterien wie z. B. der BIC für das messinvariante, sparsamere Modell sprechen. Eine genaue Erläuterung des Test-Ablaufs mit Beispielen im `glca`-Paket findet sich in Kim et al. (2022). Konzeptionelle Erläuterungen und Beispiele zum Thema Messinvarianztestung mittels latenter Klassenanalyse bieten z. B. Rudnev (2018) und Kankaraš et al. (2018).

5.3 Analysen über Zeit: Latent transition analysis (LTA)

Die latent transition analysis (LTA) ist eine Erweiterung finiter Mischmodelle für Longitudinaldaten. Sie ermöglicht es, Veränderungen über Zeit zu analysieren, indem Übergänge („transitions") zwischen latenten Klassen zu verschiedenen Zeitpunkten modelliert werden. In der LTA können sowohl kategoriale als auch kontinuierliche Indikatorvariablen verwendet werden. Neben den klassenspezifischen Antwortwahrscheinlichkeiten (bzw. im Fall kontinuierlicher Indikatorvariablen Mittelwerten und Varianzen) werden Übergangswahrscheinlichkeiten („transition probabilities") der Fälle von einer Klasse zur anderen im Zeitverlauf geschätzt. Zudem können Kovariaten, die die Wahrscheinlichkeit von Klassenzugehörigkeit sowie Transition beeinflussen, integriert werden. Die LTA ist in die

5.3 Analysen über Zeit: Latent transition analysis (LTA)

Familie der latenten bzw. verdeckten Markov-Modelle („hidden markov models") einzuordnen (Collins und Lanza 2009; Nylund-Gibson et al. 2023).

Bei der Modellierung wird üblicherweise so vorgegangen, dass für jeden Zeitpunkt ein eigenes LCA/LPA-Modell geschätzt wird, um die optimale Klassenanzahl zu bestimmen. Darauffolgend werden die verschiedenen Modelle miteinander verglichen, um festzustellen, inwiefern sich die Klassen bezüglich ihrer Anzahl und Struktur ähneln. Sind die Klassen hinreichend ähnlich, wird auf Messinvarianz getestet (siehe Abschn. 5.2). Kann Messinvarianz angenommen werden, sind die Klassenstrukturen (klassenspezifische Antwortwahrscheinlichkeiten bzw. Mittelwerte und Varianzen) an jedem Zeitpunkt gleich. Im nächsten Schritt werden die Übergangswahrscheinlichkeiten berechnet, indem eine multinomial logistische Regression zwischen den Klassen zum Zeitpunkt $t-1$ und t berechnet wird (handelt es sich um mehr als zwei Zeitpunkte, wird üblicherweise eine Markov-Kette erster Ordnung angenommen, d. h. die Klassenzugehörigkeit zum Zeitpunkt t wird lediglich von $t-1$ beeinflusst, nicht von früheren Klassenzugehörigkeiten). Auch die Übergangswahrscheinlichkeiten können messinvariant sein, das heißt, die Wahrscheinlichkeiten des Wechsels zwischen den Klassen zum Zeitpunkt $t-1$ nach t sind gleich denen von t nach $t+1$. Die Annahme messinvarianter Übergangswahrscheinlichkeiten kann ebenfalls empirisch getestet werden. Schließlich können, ebenso wie in der LCA und LPA, Kovariaten in das Modell mit aufgenommen werden.

Es gibt kein R-Paket, das spezifisch für LTA konzipiert ist; die Pakete `OpenMx` und `LMest` bieten Möglichkeiten, LTA zu modellieren, weichen in der Logik der Modellformulierung jedoch relativ stark von den bisher behandelten Herangehensweisen in `poLCA`, `glca` und `tidyLPA` ab. Nylund-Gibson et al. (2023) geben eine gelungene Einführung in die LTA, verwenden als Programmierbeispiel allerdings MPlus.

Literatur

Agresti, Alan. 2012. *Categorical data analysis (3. Aufl.)*. John Wiley & Sons.

Allaire, J.J., Yihui Xie, Christophe Dervieux, Jonathan McPherson, Javier Luraschi, Kevin Ushey, Aron Atkins, Hadley Wickham, Joe Cheng, Winston Chang, und Richard Iannone. 2024. *rmarkdown: Dynamic Documents for R*. R package version 2.28, https://github.com/rstudio/rmarkdown.

Arnold, Jeffrey B. 2024. *ggthemes: Extra Themes, Scales and Geoms for 'ggplot2'*. R package version 5.1.0, https://CRAN.R-project.org/package=ggthemes.

Asparouhov, Tihomir, und Bengt Muthén. 2014. Auxiliary variables in mixture modeling: Three-step approaches using Mplus. *Structural equation modeling: A multidisciplinary journal* 21 (3): 329–41.

Bacher, Johann, und Jeroen K. Vermunt. 2010. Analyse latenter Klassen. In *Handbuch der sozialwissenschaftlichen Datenanalyse*, herausgegeben von Christof Wolf und Henning Best, 553–74. Wiesbaden: Springer.

Bacher, Johann, Andreas Pöge, und Knut Wenzig. 2010. *Clusteranalyse. Anwendungsorientierte Einführung in Klassifikationsverfahren (3. Aufl.)*. München: Oldenbourg Wissenschaftsverlag GmbH.

Bachleitner, Reinhard, Martin Weichbold, Wolfgang Aschauer, und Markus Pausch. 2013. *Methodik und Methodologie interkultureller Umfrageforschung: zur Mehrdimensionalität der funktionalen Äquivalenz*. Wiesbaden: Springer.

Barth, Alice. 2022. Kognitive Strukturen bei der Beantwortung von Fragen. In *Handbuch Methoden der empirischen Sozialforschung (3. Aufl.)*, herausgegeben von Nina Baur und Jörg Blasius, 977–83. Wiesbaden: Springer.

Barth, Alice, und Andreas Schmitz. 2018. Response quality and ideological dispositions: An integrative approach using geometric and classifying techniques. *Quality & Quantity* 52: 175–94.

Barth, Alice, und Miriam Trübner. 2018. Structural stability, quantitative change: A latent class analysis approach towards gender role attitudes in Germany. *Social science research* 72: 183–93.

Bartolucci, Francesco, Silvia Pandolfi, und Fulvia Pennoni. 2017. LMest: An R Package for Latent Markov Models for Longitudinal Categorical Data. *Journal of Statistical Software* 81 (4): 1–38. https://doi.org/10.18637/jss.v081.i04.

Billiet, Jaak. 2013. Quantitative methods with survey data in comparative research. In *A handbook of comparative social policy*, herausgegeben von Patricia Kennett, 264–301. Cheltenham: Edward Elgar Publishing.

Boker, Steven M., Michael C. Neale, Hermine H. Maes, Michael Spiegel, Timothy R. Brick, Ryne Estabrook, Timothy C. Bates, u. a. 2023. OpenMx: Extended Structural Equation Modelling. http://openmx.ssri.psu.edu.

Bolck, Annabel, Marcel Croon, und Jacques Hagenaars. 2004. Estimating latent structure models with categorical variables: One-step versus three-step estimators. *Political analysis* 12 (1): 3–27.

Borgonovi, Francesca, und Artur Pokropek. 2019. Education and attitudes toward migration in a cross country perspective. *Frontiers in psychology* 10: 2224. https://doi.org/10.3389/fpsyg.2019.02224.

Clark, Shaunna L., und Bengt Muthén. 2009. Relating latent class analysis results to variables not included in the analysis, abrufbar unter https://www.statmodel.com/download/relatinglca.pdf, letzter Zugriff am 18.04.2024.

Collins, Linda M., und Stephanie T. Lanza. 2009. *Latent class and latent transition analysis: With applications in the social, behavioral, and health sciences*. Hoboken, New Jersey: John Wiley & Sons.

Davidov, Eldad, Peter Schmidt, Jaak Billiet, und Bart Meuleman (Hrsg.). 2018. *Cross-cultural analysis: Methods and applications (2. Aufl.)*. New York: Routledge.

Dziak, John J., Donna L. Coffman, Stephanie T. Lanza, Runze Li, und Lars S. Jermiin. 2020. Sensitivity and specificity of information criteria. *Briefings in bioinformatics* 21 (2): 553–65.

Ford, Tom, Josh Lipson, und Lisa Miller. 2023. Spiritually grounded character: A latent profile analysis. *Frontiers in Psychology* 13. https://doi.org/10.3389/fpsyg.2022.1061416.

Fried, Eiko I., Claudia D. van Borkulo, Sacha Epskamp, Robert A. Schoevers, Francis Tuerlinckx, und Denny Borsboom. 2016. Measuring depression over time ... Or not? Lack of unidimensionality and longitudinal measurement invariance in four common rating scales of depression. *Psychological assessment* 28 (11): 1354–67.

Göbel, Kristin, Herbert Scheithauer, Astrid-Britta Bräker, Harrie Jonkman, und Renate Soellner. 2016. Substance use patterns among adolescents in Europe: A latent class analysis. *Substance use & misuse* 51 (9): 1130–38.

Goodman, Leo A. 1974. Exploratory latent structure analysis using both identifiable and unidentifiable models. *Biometrika* 61 (2): 215–31.

Grunow, Daniela, Katia Begall, und Sandra Buchler. 2018. Gender ideologies in Europe: A multidimensional framework. *Journal of marriage and family* 80 (1): 42–60.

Heintz, Bettina, und Annette Schnabel. 2006. Verfassungen als Spiegel globaler Normen? *Kölner Zeitschrift für Soziologie und Sozialpsychologie* 58 (4): 685–716.

Kankaraš, Miloš, Guy Moors, und Jeroen K. Vermunt. 2018. Testing for measurement invariance with latent class analysis. In *Cross-Cultural Analysis: Methods and Applications*, herausgegeben von Eldad Davidov, Peter Schmidt, Jaak Billiet, und Bart Meuleman, 393–419. New York: Routledge.

Kim, Youngsun, und Hwan Chung. 2023. *glca: An R Package for Multiple-Group Latent Class Analysis*. https://kim0sun.github.io/glca/.

Kim, Youngsun, Saebom Jeon, Chi Chang, und Hwan Chung. 2022. glca: An R package for multiple-group latent class analysis. *Applied Psychological Measurement* 46 (5): 439–41.

Krosnick, Jon A. 1991. Response strategies for coping with the cognitive demands of attitude measures in surveys. *Applied cognitive psychology* 5 (3): 213–36.

Lazarsfeld, Paul F., und Neil W. Henry. 1968. *Latent Structure Analysis*. New York: Houghton Mifflin.

Linzer, Drew, und Jeffrey Lewis. 2022. *poLCA: Polytomous Variable Latent Class Analysis*. https://github.com/dlinzer/poLCA.

Linzer, Drew A., und Jeffrey B. Lewis. 2011. poLCA: An R package for polytomous variable latent class analysis. *Journal of statistical software* 42: 1–29.

Lo, Yungtai, Nancy R. Mendell, und Donald B. Rubin. 2001. Testing the number of components in a normal mixture. *Biometrika* 88 (3): 767–78.

Lüdecke, Daniel. 2022. *sjlabelled: Labelled Data Utility Functions*. https://strengejacke.github.io/sjlabelled/.

Luhmann, Maike. 2020. *R für Einsteiger – Einführung in die Statistiksoftware für die Sozialwissenschaften (5. Aufl.)*. Basel: Beltz.

Magidson, Jay, und Jeroen K. Vermunt. 2004. Latent class models. In *The Sage handbook of quantitative methodology for the social sciences*, herausgegeben von David Kaplan, 175–98. Thousands Oaks: Sage.

Manderscheid, Katharina. 2017. *Sozialwissenschaftliche Datenanalyse mit R*. Wiesbaden: Springer.

Masyn, Katherine E. 2013. Latent class analysis and finite mixture modeling. In *The Oxford Handbook of Quantitative Methods, Vol.2: Statistical Analysis*, herausgegeben von Todd D. Little, 551–611. New York: Oxford University Press.

Mau, Steffen, Thomas Lux, und Fabian Gülzau. 2020. Die drei Arenen der neuen Ungleichheitskonflikte. Eine sozialstrukturelle Positionsbestimmung der Einstellungen zu Umverteilung, Migration und sexueller Diversität. *Berliner Journal für Soziologie* 30: 317–46.

McCrae, Robert R., und Paul T. Costa Jr. 1997. Personality trait structure as a human universal. *American psychologist* 52 (5): 509–16.

McCutcheon, Allan L. 1987. *Latent class analysis*. 64. Newbury Park, London, New Delhi: Sage.

Mundt, Fabian, und Kenneth Horvath (im Erscheinen). *R Essentials. Eine anwendungsorientierte Einführung in die moderne sozialwissenschaftliche Datenanalyse*. Wiesbaden: Springer VS.

Nylund, Karen L., Tihomir Asparouhov, und Bengt O. Muthén. 2007. Deciding on the number of classes in latent class analysis and growth mixture modeling: A Monte Carlo simulation study. *Structural equation modeling: A multidisciplinary journal* 14 (4): 535–69.

Nylund-Gibson, Karen, und Andrew Young Choi. 2018. Ten frequently asked questions about latent class analysis. *Translational issues in psychological science* 4 (4): 440–61.

Nylund-Gibson, Karen, und Katherine E. Masyn. 2016. Covariates and mixture modeling: Results of a simulation study exploring the impact of misspecified effects on class enumeration. *Structural equation modeling: A multidisciplinary journal* 23 (6): 782–97.

Nylund-Gibson, Karen, Adam C. Garber, Delwin B. Carter, Meiki Chan, Dina A. N. Arch, Odelia Simon, Kelly Whaling, Erica Tartt, und Smaranda I. Lawrie. 2023. Ten frequently asked questions about latent transition analysis. *Psychological Methods* 28 (2): 284–300.

Oberski, Daniel. 2016. Mixture models: Latent profile and latent class analysis. *Modern statistical methods for HCI*, 275–87.

Oberski, Daniel L. 2019. Code for polca-entropy-2, abrufbar unter https://gist.github.com/daob/c2b6d83815ddd57cde3cebfdc2c267b3, letzter Zugriff am 18.04.2024.

Oberski, Daniel L., Geert H. van Kollenburg, und Jeroen K. Vermunt. 2013. A Monte Carlo evaluation of three methods to detect local dependence in binary data latent class models. *Advances in data analysis and classification* 7: 267–79.

R Core Team. 2024. *R: A language and environment for statistical computing*. R Foundation for Statistical Computing, Vienna, Austria. https://www.R-project.org/.

Ram, Karthik, und Hadley Wickham. 2023. *wesanderson: A Wes Anderson Palette Generator*. R package version 0.3.7, https://CRAN.R-project.org/package=wesanderson.

Rosenberg, Joshua M, und Caspar van Lissa. 2021. *tidyLPA: Easily Carry Out Latent Profile Analysis (LPA) Using Open-Source or Commercial Software*. https://data-edu.github.io/tidyLPA/.

Rosenberg, Joshua M., Patrick N. Beymer, Daniel J. Anderson, C. J. van Lissa, und Jennifer A. Schmidt. 2019. tidyLPA: An R package to easily carry out latent profile analysis (LPA) using open-source or commercial software. *Journal of Open Source Software* 3 (30): 978.

Rudnev, Maksim. 2018. Testing for Invariance of Latent Classes: Group-As-Covariate Approach. In *Cross-Cultural Analysis: Methods and Applications*, herausgegeben von Eldad Davidov, Peter Schmidt, Jaak Billiet, und Bart Meuleman, 449–79. New York: Routledge.

Semyonov, Moshe, Rebeca Raijman, und Anastasia Gorodzeisky. 2006. The rise of anti-foreigner sentiment in European societies, 1988–2000. *American sociological review* 71 (3): 426–49.

Specht, Jule, Maike Luhmann, und Christian Geiser. 2014. On the consistency of personality types across adulthood: Latent profile analyses in two large-scale panel studies. *Journal of personality and social psychology* 107 (3): 540–56.

Vermunt, Jeroen K. 2010. Latent class modeling with covariates: Two improved three-step approaches. *Political analysis* 18 (4): 450–69.

Vermunt, Jeroen K., und Jay Magidson. 2013. Technical guide for Latent GOLD 5.0: Basic, advanced, and syntax. *Belmont, MA: Statistical innovations inc.*

Weller, Bridget E., Natasha K. Bowen, und Sarah J. Faubert. 2020. Latent class analysis: A guide to best practice. *Journal of black psychology* 46 (4): 287–311.

Wickham, Hadley, und Jennifer Bryan. 2023. *readxl: Read Excel Files*.

Wickham, Hadley, Winston Chang, Lionel Henry, Thomas Lin Pedersen, Kohske Takahashi, Claus Wilke, Kara Woo, Hiroaki Yutani, und Dewey Dunnington. 2023a. *ggplot2: Create Elegant Data Visualisations Using the Grammar of Graphics*. https://ggplot2.tidyverse.org.

Wickham, Hadley, Romain François, Lionel Henry, Kirill Müller, und Davis Vaughan. 2023b. *dplyr: A Grammar of Data Manipulation*. https://dplyr.tidyverse.org.

Xie, Yihui. 2023. *bookdown: Authoring Books and Technical Documents with R Markdown*. https://github.com/rstudio/bookdown.

Zhang, Zhongheng, Abdallah Abarda, Ateka A. Contractor, Juan Wang, und C. Mitchell Dayton. 2018. Exploring heterogeneity in clinical trials with latent class analysis. *Annals of translational medicine* 6 (7): 119.

The manufacturer's authorised representative in the EU is Springer Nature Customer Service Centre GmbH, Europaplatz 3, 69115 Heidelberg, Germany. If you have any concerns regarding our products, please contact ProductSafety@springernature.com

Printed and bound by CPI Group (UK) Ltd, Croydon, CR0 4YY

25/03/2026

02078188-0009